제논, 뫼비우스를 만나다

이현 지음

이담 Books

책머리에

오래전 프레드 A. 울프의 ≪과학은 지금 물질에서 마음으로 가고 있다≫ (고려원미디어, 1995)를 읽고 그 풍부한 설명과 아이디어에 흥분했던 적이 있습니다. 그때 느꼈던 감흥을 철학이야기로 재구성해보고 싶었습니다. 그러한 열망이 이 책으로 결실을 맺게 되었습니다.

이 책이 쉬운 책은 아닙니다. 그렇다고 어려운 책도 아닙니다. 한번쯤 다른 시각으로 세상을 바라보고 싶어하는 이들에게는 흥미로운 화두를 줄 것입니다. 친절하지는 않지만, 그렇기 때문에 더 읽는 재미가 느껴질 것입니다.

사람이 혼자서만 세상을 살아갈 수 있는 것은 분명 아닌듯 싶습니다. 그것을 깨닫기까지 꽤 많은 시간이 흘렀습니다. 이 책이 나오기까지 도움을 준 고마운 이들이 있습니다.

묻혀버릴 뻔했던 원고를 출판할 수 있게 용기를 준 일호에게 감사의 마음을 전합니다. 중요한 선택의 고비마다 같이 고민하며 올바른 선택을 할 수 있게 도와 주고, 책 계약을 누구보다 축하해주던 공번에게 감사의 마음을 전합니다. 늘 푸른 소나무처럼 변치 않고 든든한 버팀목으로 지지해주던 아내 성순과 아들 학현에게 감사의 마음을 전합니다. 이들 외에도 도움을 준 고마운 이들이 많이 있습니다. 일일이 거명하지 않더라도 제가 전하는 감사의 마음을 받아주리라 생각합니다.

목 차

1

내가 그를 만난 건 우연이었다. 적어도 겉으로는 그랬다. 그런데 우연이라고 하기에는 석연치 않은 구석이 너무 많다. 그렇다면 필연이라고 말해야 하는 것일까? 돌이켜 보면 그렇게 말할 수밖에 없을 듯싶다. 필연이라는 말밖에는 다른 설명이 가능하지 않기 때문이다. 우연을 가장한 필연. 그 상황을 사람들에게 납득시키자면 깊은 이해와 설명이 필요하겠지만, 지금은 일단 우연의 연속 속에 그와의 만남이 있었다고 하자.

2

고2 겨울방학. 대입을 코앞에 둔 채 고3이라는 이름의 무거움을 느껴야만 하는 시간.

입시지옥에 들어가기에 앞서 그나마 여유를 가질 수 있는 마지막 겨울방학을 보내던 내게 철학교수인 삼촌은 늘 그래 왔듯이 난이도가 있는 퍼즐 하나를 주셨다. 퍼즐에는 늘 보상이 따랐는데, 이번 퍼즐에 대한 보상은 최신형 스마트폰이었다. 너무나 갖고 싶던 물건이었다. 그런데 한 가지 이상한 것은 삼촌은 항상 내가 필요로 했던 것들을 선물로 주신다는 것이다. 마치 내 속을 꿰뚫어 보기라도 하는 것처럼.

사실 나는 초등학교서부터 고등학교 1학년까지만 해도 학교생활에 별다른 재미를 못 붙이고 지루하게 지냈었다. 특별히 잘하는 것도 없는데다가 공부에 별 관심도 두지 않았다. 그래서 성적도 늘 보통 정도의 수준만을 유지하기에 급급했다. 다만 어려서부터 삼촌 덕분에 취미를 붙이게 된 퍼즐 풀이랑 독서만이 유일한 관심사라고나 할까.

친구가 많은가 하면 그렇지도 않았다. 또래의 아이들과 잘 어울리지도 못한 까닭에 친구라고 해 봐야 몇 명밖에 없었다. 그 몇몇 친구들과 어울리게 된 것도 그나마 퍼즐이라는 공통 관심사 때문이다. 이것 외에 그나마 재미라는 것이 삼촌이 주는 문제를 풀거나 삼촌 연구실에서 책을 빌려다 보거나 삼촌 연구실에 찾아오는 누나나 형들과 노는 일이었다.

그렇다면 누군가 물을 수도 있다. 퍼즐이나 삼촌 연구실엔 왜 재미를 붙였냐고. 퍼즐 해결 뒤에는 항상 보상이 따랐으니 재미가 있을 수밖에. 물론 퍼즐 해결에 따른 성취감도 재미를 상승시키는 요인이긴 했지만, 그건 한참 시간이 흐른 뒤에 중독처럼 다가온 결과였을 뿐이다. 그리고 삼촌 연구실은 만물상 같아서 무수히 많은 책과 기기

묘묘한 물건들로 가득했다. 게다가 삼촌 연구실에 찾아오는 누나나 형들은 항상 재밌는 이야기로 나를 즐겁게 했다. 그런 곳에서 시간을 보낼 수 있었던 것은 돌이켜 생각해 보면 큰 행운이었다.

부모님은 내가 그런 것에만 관심을 갖고 있는 데 대해 많은 우려를 내비치셨다. 자유로운 분위기에서 자라기를 바라시긴 하지만 대학입학은 현실적인 문제로 다가오는 까닭에 그러한 우려는 당연해 보인다. 사실 나도 내심 걱정은 되었지만 '어떻게 되겠지' 하는 막연한 생각만을 가지고 있었으니 한심하다고 해도 할 말은 없었다. 그런데 일은 이상하게 풀려 나가기 시작했다.

놀랍게도 고등학교 3학년에 올라가면서 내 학습 능력이 향상되기 시작했다는 것이다. 학습 능력이 향상되다 보니 성적도 점차 좋아지기 시작했고, 학교생활에도 나름대로 재미를 붙이기 시작했다. 그리고 별문제 없이 좋은 대학에도 입학할 수 있었다.

정말 놀랍지 않은가? 평범하던 내게 생활에 변화도 오고, 기대 이상으로 좋은 대학에도 입학을 했다니 말이다. 그러나 어떻게 해서 그렇게 되었는지 내용을 알고 나면 그럴 수도 있겠다는 생각을 할 것이다. 그 내용이 무엇이냐고?

나중에 알게 된 것이지만 크게 두 가지 요인이 변화를 가져왔다. 하나는 퍼즐 풀이나 독서를 통해 축적된 문제 해결 능력이나 정보 및 지식이 알게 모르게 학습 능력을 올리는 작용을 했다는 것이다. 다른 하나는 어느 사람과의 우연한 만남 속에서 얻게 된, 세상을 바라보는 색다른 시각이 나로 하여금 목적의식을 갖게 했고, 삶의 태도를 적극적으로 변화시켰다는 것이다. 삼촌의 훌륭한 계략이라고 판단하지만, 그런 퍼즐 풀이 과정이나 독서를 통해 나는 스스로 문제를 해결하는 능력을 갖게 되었고, 어느 시점부터 그 능력이 모습을 드러내기 시작했다. 그리고 목적의식과 적극적인 삶의 태도를 통해 적절한 선에서의 욕심이라는 것도 갖게 되었고, 그 욕심 덕분에 대학입시와 관련해서 좋은 결과도 얻게 되었다.

정말이냐고? 그렇고말고.

3

삼촌이 내게 준 퍼즐은 다음과 같았다.

> "나는 기계 속에 들어 있는 두뇌일까, 아닐까? 나는 기계 속에 들어 있는 두뇌라고 내가 말할 수 있을까?"

본격적으로 입시지옥에 뛰어들 준비를 하고 있던 어느 날. 봄이 막 움트려고 하는 그런 휴일. 겨울 내내 퍼즐을 풀기 위해 퍼즐과 관련된 자료들과 씨름을 하면서도 별다른 진전을 보지 못하고 있던 어느 휴일이었다. 풀리지 않는 실마리로 전전긍긍하다가 나는 삼촌 연구실을 나섰다.

따스한 봄바람에 새싹들이 풀빛을 되찾아 가는 싱그러운 봄날의 풋풋함도 느끼지도 못할 만큼 우울한 날들이었다. 스마트폰에 대한 욕심도 있었지만, 퍼즐이 쉽게 풀릴 것 같지 않다는 불길한 예감에 마음은 무척이나 조급해지고 있었다. 그리고 '이까짓쯤이야' 하는 오만한 마음에 실마리만 잡히면 일사천리로 진행될 수 있다고 믿었던 터라, 풀리지 않는 실마리는 시간이 갈수록 나를 더욱 옥죄었다.

바로 그날. 버스를 타고 집으로 돌아오는 길에 문득 라디오에서 나오는 낯익은 노랫소리가 귀를 때렸다. 비지스의 <나는 농담을 했지요>. 한 시절 무척 유행했다며, 오래전 삼촌이 가르쳐 주었던 그 노래의 내용은 이렇다.

"난 이 세상을 울려 버린 농담을 시작했습니다.
그런데 이 농담이 나를 두고 하는 말인 것을 미처 몰랐어요.

나는 이 세상을 웃겨 버린 슬픔을 이야기했죠.
아, 그 농담이 나를 두고 한 말인 것을 알기만 하였더라면.

나는 손으로 눈을 가리고
하늘을 쳐다보다가 침대에서 떨어져
결국은 내가 떠든 말들 때문에 머리를 다쳐 죽기에 이르렀습니다.

이런 일들이 세상을 만들어 가는 것입니다.
아, 그 농담이 나를 두고 한 말이라는 것을 알기만 하였더라면."

평소라면 그냥 스쳐 지나갔을 이 노래를 듣고 악타이온의 비극이 생각나는 것은 왜였을까? 저 깊은 곳 어디에선가 움츠리고 있던 한 기억. 왜 하필 이때 악타이온의 비극이 생각난 것일까? 악타이온이라. 그래, 분명 악타이온의 비극이 생각났다.

악타이온은 오비디우스의 ≪변신≫에 나오는 탁월한 사냥 능력을 지닌 사냥꾼을 말한다. 어느 날 이 사냥꾼은 사냥을 나갔다가 우연히 아르테미스 여신이 목욕하는 것을 훔쳐보게 된다. 이를 눈치챈 여신은 악타이온을 수사슴으로 둔갑시켜 버렸다. 그러자 악타이온이 데리고 다니던 50마리의 사냥개들은 수사슴이 된 악타이온을 쫓게 되고, 결국 악타이온은 갈기갈기 찢겨 죽게 된다.

왜 비지스의 노래를 들으면서 악타이온의 비극이 떠올랐을까? 이 두 이야기는 자기 꼬리를 물고 있는 뱀처럼 서로 얽혀 있는 뫼비우스의 띠의 구조를 보여 주고 있다.

맞아. 뫼비우스의 띠. 그런데? 글쎄, 그 다음은 잘 모르겠다. 그러나 잘만 하면 엉뚱한 상황에서 재미있는 실마리를 찾을지도 모른다는 생각과 그것이 더 깊은 수렁으로 나를 몰아넣을지도 모른다는 생각 사이에서 내 고민은 더 무거워졌다. 그리고 바로 우연이라는 이름이 내 삶에 버젓이 들어와 앉았다.

집에 돌아와 식사를 하고 여느 때처럼 습관적으로 메일 확인을 위해 컴퓨터를 켰다. 자동 설정된 메신저 및 기타 프로그램들이 실행되고, 얼마의 시간을 기다렸다. 마이크로소프트 아웃룩을 열어 메일을 체크하고, 강박증 환자처럼 인터넷에 접속해 웹을 서핑하고 있었다.

"띠리링!" 메신저에서 누군가로부터 쪽지 하나가 날아 들어왔음을 알리는 소리가 들렸다. 습관적으로 접속을 허용하자마자 '누굴까?', '어떤 내용일까?' 하는 궁금증을 가질 새도 없이 쪽지가 말을 건다.

> 제논님.
> 누구십니까?
> 뫼비우스라고 합니다.
> 제게 볼 일이라도?
> 궁금한 게 있어서요. 왜 대화명을 제논이라고 지었나요?
> 그러는 님은 왜 뫼비우스라고 지었나요?

그렇게 우리의 만남은 시작되었고, 이야기는 깊어 갔다.

나는 아직도 그가 누군지 모른다. 뫼비우스라는 대화명을 쓴다는 것 이외에, 그가 남자인지 여자인지, 나이가 많은지 적은지 알지 못한다. 그토록 오랜 시간 이야기를 나누면서 그가 무엇을 하는 사람인지, 어디에 사는지조차도 알지 못한다.

다소 수줍은 듯, 때로는 아주 깊은 성찰로 나를 놀라게 했다는, 아니 정확히는 나를 깨우쳐 준 고마운 사람이었다는 사실 외에는 나는 그가 누군지 알지 못한다. 그러나 나는 그와 이야기를 나누면서 변하기 시작했고, 오만과 편견에서 벗어나기 시작했으며 또한 새로운 세계를 바라볼 수 있는 실마리를 찾고, 새로운 사람으로 다시 태어나게 되었다.

내가 그로 인해 멋진 깨달음을 얻어 가고 있을 즈음, 나는 고마워서 그에게 여러 가지를 물었다. 그에 대해 궁금한 것이 너무 많아서 그리고 고마운 마음에 선물이라도 할 겸 이런저런 질문으로 그에 대해 알아보고자 했지만 그는 철저했다. 그리고 그는 선문답 같은 말만 남기고는 흔적도 없이 사라졌다. 마치 존재하지도 않았던 사람처럼.

> 뫼비우스님은 저에 대해서 많이 알고 있는 것 같은데, 저는 뫼비우스님에 대해 아무것도 아는 게 없어요. 근 1년이라는 시간이 지났는데도 말이죠.

> 그런 걸 안다는 게 중요한가요? 그리고 설사 안다고 해도 달라질 것이 있나요?

> 사실 제가 삼촌으로부터 퍼즐을 받고 실마리를 못 찾고 헤맬 때 우연히 뫼비우스님을 만났고, 엄밀히 말하면 뫼비우스님이 저를 찾아온 것이지만, 맞죠?

> 표현 방식의 차이겠죠.

> 여하튼 뫼비우스님과 이런저런 이야기를 나누면서 저는 실마리도 찾고, 퍼즐도 해결할 수 있었어요. 게다가 새로운 세계를 볼 수 있는 눈을 갖게 되었죠. 너무 고맙기도 하고. 뫼비우스님, 한 번 만나 뵐 수 없을까요?

> 만난다고 달라질 것이 있나요. 저도 제논님과 이야기할 수 있어서 좋았어요. 이제 제가 떠날 때가 된 거 같아요. 그간 제가 준비한 일이 있어서. 이제 제논님을 못 볼 거 같네요.

> 떠나다니요, 뫼비우스님. 어디 가시나요? 무슨 일을 준비하셨기에. 영영 이 세상을 떠나는 사람처럼.

> 그럴 일이 있어요.

> 그래도 예전처럼 이렇게 만날 수 있잖아요. 그리고 꼭 제 마음을 담은 선물을 하고 싶어요. 뫼비우스님에 대한 궁금증을 풀고 싶은 강한 욕구도 있고요.

> 선물은요, 무슨. 여하튼 죄송해요. 말씀드릴 만한 일은 아니고요. 늘 건승하세요.

> 저만의 생각일지 모르겠지만, 마치 저를 깨우치게 하려고 오신 분 같아요, 뫼비우스님은. 바람처럼 왔다가 바람처럼 가 버리는. 우연인가요? 아님 필연인가요?

> 우연이 또 다른 우연과 만날 때 우연은 필연이 된다고 합니다. 그렇게 우연한 인연일 수도, 그래서 필연일 수도 있는 것이겠죠. 그럼 이만. 다시 한 번, 늘 건승하세요.

그는 그렇게 사라졌고, 시간의 흐름이라는 도도한 강물은 예의 나를 일상 속으로 몰아갔다. 취한 듯 홀린 듯 멍한 나를 보듬고 말이다.

그렇게 시간이 흐르고, 나는 대학에 입학을 했다.

4

나는 내가 만났던 뫼비우스에 관한 이야기를 사람들에게 해 줘야겠다고 생각했다. 나만 알고 있기에는 너무나 기이한 이야기인데다가 그와 나누었던 그 많은 이야기들이 그냥 묻혀서는 안 된다고 판단했기 때문이다. 그래서 나는 삼촌에게 이 이야기를 했고, 삼촌은 이 이야기를 책으로 낼 것을 내게 권했다. 그렇게 내가 쓴 책이 출판되고, 출판된 내 책이 상당한 호응을 얻고 있는 지금, 그 책의 상당 부분이 그와의 대화 속에서 얻은 혹은 깨달은 것들이기 때문에 그에 대해 밝히는 것이 솔직한 일이라는 윤리 의식도 한몫을 했다.

5

지금부터 하는 이야기는 뫼비우스라는 우연히 만난 어떤 사람, 아니 어쩌면 우연을 가장한 필연으로 만난 어떤 사람과 나누었던, 정확히는 그로부터 배웠던 혹은 그로 인해 깨달았던 것들을 정리한 이야기다.

그와 이야기를 나누면서 나는 그가 자주 사용하던 낯선 말, 적어도 내게는 아주 낯설었던 말, '시선'이라는 것에 관심을 기울이게 되었다. '시선'에 관심을 기울이면서 막연하게 맴돌던 생각이 구체적인 모습으로 드러나기 시작했고, 하나의 결론으로 모아지기 시작했다. 그 결론은 바로 우리의 '시선'이 대부분 특정한 방식으로 작용한다는 것이다.
그가 말했다.

> 시선을 다룬다는 것은 어떤 종류의 '보는 방식'을 통해 보이는
것과 보이지 않는 것을 구분하는 것을 의미합니다. 이때 '보는
방식'은 알게 모르게 우리에게 주어져 있답니다. 우리가 선택하
거나 만드는 것이 아니라는 것이지요. 그렇기 때문에 보는 방식
은 권력의 문제가 되고, 권력의 문제가 되기 때문에 다르게 보
는 방식에 대해서는 강요와 억압 그리고 폭력이 가해집니다. 그
러나 결국 우리에게 주어져 있는 보는 방식 자신도 자기 폭력
속에 무너지고 맙니다.

그의 말은 비수처럼 내 가슴에 꽂혔다. 그러나 나는 그곳에서 실마
리를 얻었고 또 그곳에서 깨달음의 단초를 얻었다.
그가 말했다.

> 코기토 인터룹투스(Cogito Interruptus)라는 말이 있습니다. 이 말
은 아무런 논리적 연관도 없어 보이는 여러 가지 사실들을 함께
연결시켜 생각하는 태도를 말하죠.
> 알고 있습니다. 일종의 오류지요. 삼촌한테 배워서 알고 있습니다.
> 네, 맞습니다. 삼촌이 훌륭하신 분인가 보네요.
> 철학교수세요.
> 아, 그렇군요. 좋으시겠어요.
> 네, 좋아요. 삼촌하고 이야기하면 너무 재밌어요. 배우는 것도

많고.

> 여하튼 제논님 말씀대로 코기토 인터룹투스라는 것은 오류기 때문에, 우리가 흔히 말하는 논리라는 이름 아래서는 아무런 논리적 연관이 없어 보이는 사실들을 서로 연결시켜 생각하는 태도가 허용되지 않습니다. 그리고 그런 태도는 비논리적인 사고로 비판받죠.

> 논리는 당연히 그것을 허용하지 않습니다. 그런데 뫼비우스님, 왜 그 이야기를 하시죠?

> 그러나 그 논리라는 것이 무엇입니까? 제논님이 말씀하신 그 논리라는 것이 항상 성립하는 것입니까? 항상 옳은 것입니까?

> 글쎄요. 적어도 논리라는 이름 아래서는 그렇다고 해야 하지 않을까요?

> 제논님, 하지만 어떤 경우에는 아무런 논리적 연관성이 없어 보이지만 다른 의미에서 연관성을 가질 수도 있지 않습니까?

> 일종의 음모론을 말씀하시는 건가요?

> 제논님, 영화를 너무 많이 보시는 것 같군요. 제가 문제 삼는 것은 바로 논리라는 이름 아래서 언제나 특정한 방식으로 작용하는 우리의 '시선'입니다. 그 시선이 머무는 곳에서 보았더니 시선이 시작되는 곳이 잘못되었음을 알게 되었다는 것입니다.

나는 이런 식으로 그와 나눈 이야기 속에서 안개 속처럼 보이지 않던 미몽의 상태를 벗어나게 되었다. 이 우연한, 어쩌면 우연으로 가장한 필연적인 경험, 적어도 그렇게 믿고 싶은데, 그런 경험을 그냥 나만 알고 있기에는 아까워서 이렇게 옮겨 본다.

잘 옮겨질지는 모르겠지만, 그리고 몇몇 부분은 내 이해력의 문제로 왜곡될 수도 있으리라. 그러나 나는 분명하게 한 가지는 말할 수 있다. 우리는 다르게 볼 수 있다는 것을. 다르게 보면 특정한 시선 너머를 응시할 수 있다는 것을. 시선을 돌려 다르게 보면 다르게 보인다는 것을. 아마도 이 깨달음이 그가 내게 남긴 가장 소중한 선물이 아닐까.

과연 지금 그는 어디 있을까? 그는 존재하기는 하였던 것일까?

미몽 속에서 빛을 본 듯하다. 설마 그를 만나고 나서 진행된 모든 것들이 꿈은 아니겠지.

PART 1
아름다운 회의

회의는 아름다운 것. 의심할 여지가 조금도 없을 정도로 분명하고 확실하다고 여겨진
것 이외에 모든 것을 의심하라. 그렇다면 의심할 여지가 조금도 없을 정도로 분명하
고 확실하다고 판별해 주는 기준부터 먼저 의심하라. 그럼으로써 자유로울 수 있으리
라. 그러나 정말 그럴 수 있을까?

봄볕이 따사로운 어느 목요일 오후.

모처럼 수업 부담이 적은 날이었다. 수업이 끝나자마자 삼촌 연구실로 부리나케 달려갔다. 삼촌이 안식년을 맞아 미국 대학교에 교환교수차 가 있어서, 삼촌을 담당하는 조교 형하고 내가 삼촌 연구실 관리를 하기로 했기 때문이다. 물론 연구실 관리를 도와주는 것에 대해서도 보상이 있었는데, 그 보상은 조교 형의 개인 교습이다.

고 3이지만 나는 많은 사람과 함께하는 학원에 취미를 붙이지 못하고 있었다. 그런 내게 조교 형하고 하는 개인 교습은 입시를 대비하는 내 나름의 노력이었다. 다행이 조교 형의 개인 교습은 일반 학원에서와 같은 지옥 같은 스케줄을 벗어나게 해 주었다. 그리고 삼촌 연구실을 독서실처럼 사용할 수 있으니 이 또한 즐거운 보상이었다.

연구실 청소를 끝내고 개인 교습을 끝낸 후 나는 녹차 한잔을 마시며 창밖으로 아직 추위가 가시지 않은 풍경을 보고 있었다. 맑은 하늘, 하얀 구름 사이로 봄빛이 속살거리고. 문득 여자 친구가 보내온

문자 메시지가 떠오른다.

> '맑은 하늘에 마음 뺏기지 말고, 하얀 구름에 눈 홀리지 말고, 나를 바라봐. 내가 여기 있잖아.'

내게 따스하게 대해 주는 여자 친구의 감성 어린 문구라니. 내가 성격이 조금 독특해서 친구들도 별로 없는데, 그래서 더욱 고맙다는 생각에 입가에 슬며시 미소가 흐른다.

삼촌 연구실 아래로 보이는 잔디밭에는 선배처럼 보이는 대학생 형들과 갓 입학한 듯이 보이는 신입 대학생들이 서로 낯을 익히느라 부산하고, 분주하다.

어제 마저 읽지 못한 자료를 정리하려고 고개를 돌려 삼촌 노트북 속에 시선을 놓을 즈음, "띠리링!" 메신저에서 쪽지 왔음을 알리는 소리다.

> 제논님, 안녕하세요.

그다. 이맘때면 활동하는 보트처럼 나타나는 그.

> 네. 뫼비우스님. 안녕하세요.

그를 처음 만나고, 지난 몇 주 동안 규칙적으로 반복된 일상. 일주일에 한 두 번은 그를 만나게 된다. 이상한 것은 그가 마치 내 스케줄을 정확히 꿰고 있듯이 나를 방문한다는 것이다.

> 제논님. 궁금한 게 있어요.

> 그것이 무엇인가요?

> 우리는 종종 틀에 박힌 정형화된 논리 속에서 사고하도록 강요
받잖아요?

> 그렇죠.

> 그런데 전 가끔 그런 생각을 해요.

> 어떤?

> 우리가 일상에서 대면하는 것들 중에는 그렇게 정형화된 논리
속에서 쉽게 다룰 수 없는 것들이 많이 있지 않을까, 그럼에도
왜 우리는 일정한 구조 속에 우리 자신과 우리가 대면하는 세계
를 가두려고 할까요?

그는 늘 이런 식이다. 잔잔한 일상의 이야기들도 아니고, 불쑥 던
지는 이야기들이 지나치게 깊은 수준을 요구한다.

그렇게 화두를 휙 던져 놓고 그는 이야기를 한다.

과연 그는 누구일까? 내가 내 신상에 대한 암시나 언급을 한 적이
없으니, 알 리 없을 텐데. 그런데 그의 도발적 질문이나 대화는 마치
나를 잘 알고 있는 듯한 인상이 짙었다.

그리고 나는 아직 고등학생에 불과하다. 그런 내게 그렇게 어려운
질문이라니. 그러나 나는 그에 대해 아는 게 없으니, 섣불리 재단할
일도 아니고. 물론 내가 어리긴 하지만 어려서부터 소장학자로 이름
이 나 있는 철학교수로부터 잘 단련된 철학 유망주인지라 웬만해선
논쟁에서 밀리지 않는 정도의 수준은 되건만, 그의 말 한마디 한마디
가 나를 비웃기라고 하듯, 그의 대화 내용은 나보다 더 철학적이다.

> 글쎄요. 참, 어려운 문제네요. 뫼비우스님의 생각은 어떤데요?

> 우선은 당혹스럽기 때문이 아닐까요? 또 다른 것에 대한 당혹스러움.

> 불안하기 때문일 수도 있겠죠. 그 당혹스러움이 가져올 새로움에 대한 불안감.

> 그렇겠죠? 또 두렵기 때문일 수도 있을 것 같아요. 낯선 것에 대한 두려움, 일탈된 것에 대한 두려움.

> 그래서 이런 당혹스러움이나 불안감 및 두려움 너머에 있을지도 모르는 세계를 애써 외면함으로써 길들여짐 속에 안주하려고 한다는 말이죠? 뫼비우스님 생각은?

> 정답입니다.

건방지다고 해야 하나, 오만하다고 해야 하나. 대화 중에 '정답입니다'라는 표현을 쓰다니.

> 제논님, 그래서 제 생각엔 그렇게 길들여짐 속에 안주하는 가운데 우리는 삶의 풍요로움이나 여유로움을 잃었다고 생각해요.

> 대단한 통찰입니다. 그런데 뫼비우스님은 무슨 일을 하시죠?

> 왜요?

> 아니, 그렇게 깊은 생각을 할 정도면…… 궁금해서요.

> 우리 그런 건 묻지 않기로 해요. 이대로 이야기 나누면 안 될까요?

> 안 될 거야 없지만 놀라워서 그러죠.

> 제논님이 더 놀라워요. 이런 얘기를 잠자코 들어 주시니.

> 어허, 이런이런. 뫼비우스님은 저에 대해 궁금하지 않으세요?

> 글쎄요.
> 그나저나 뫼비우스님은 어떻게 저를 찾으셨어요. 많고 많은 사람들이 있는데.
> 이름이 멋지잖아요. 제논.

더 이상 물어도 자신에 대한 정보는 줄 것 같지 않다. 다만 이런 식의 이야기만 있을 뿐.

> 알았어요. 그건 그렇고, 그래서 아까 하던 이야기를 계속 해 보세요. 그래서 정말 우리가 삶의 풍요로움이나 여유로움을 잃었다고 생각하시나요, 뫼비우스님?
> 네. 제 생각엔.
> 으음⋯⋯.
> 제논님, 가라타니 고진을 아시죠?
> 알죠. 뫼비우스님은 어떻게 알죠?
> 그 사람 책을 읽었으니까 알죠.
> 그렇군요.

우문현답인가? 분명 내 질문의 의도를 이해할 것 같은데, 그는 그렇게 답했다.

> 제 말은⋯⋯ 아닙니다⋯⋯. 이야기 계속하세요.
> 그는 이런 식으로 우리가 잃고 있는 것을 ≪은유로서의 건축: 언어, 수, 화폐≫라는 책에서 지적하고 있더군요. 메타적 차원의

웃음의 상실이라는 측면에서. 물론 제 해석입니다만.

> 어떤 면에서 그렇다는 거죠?

> 그는 1970년대에 유명했던 시트콤 배우인 아치 벙커 일화를 예로 들더군요.

> 아, 저도 알아요. 벙커의 부인 에디스가 볼링화 끈을 위로 묶고 싶은지 아니면 아래로 묶고 싶은지 물었죠.

> 아시는군요. 그때 벙커가 되묻죠. '뭐가 다른데?'

> 맞아요. 그래서 에디스는 볼링화 끈을 위로 묶는 것과 아래로 묶는 것의 차이를 열심히 설명하죠. 벙커의 되물음은 볼링화 끈을 위로 묶든 아래로 묶든 별로 중요하지 않다, 개의치 않는다는 것인데……

> 네. 에디스는 그 물음을 볼링화 끈을 위로 묶는 것과 아래로 묶는 것 간의 차이를 설명하라는 물음으로 이해한 거죠.

기억이 난다. 아마도 고진은 한 문장이 상호 배타적인 두 개의 의미를 낳을 수도 있다는 것을 보여 주는 예로서 이 일화를 인용했던 듯싶다.

그래. 이 예에서 보듯이 우리가 틀에 박힌 정형화된 논리 속에 머문다면 우리는 에디스처럼 벙커의 '뭐가 달라?'라는 문장이 '묻는 것'인지 '물음 자체를 거부하는 것'인지를 결정할 수 없는 상황에 빠지게 된다. 그래서 그 상황이 던지는 웃음의 구조를 이해하지 못하게 되는 것이다.

> 뫼비우스님. 혹 님이 의도하는 결론은 이 예가 어떤 틀 안에만

머무르지 말고 그 틀 밖에서 메타적으로 그 틀을 보기를 요구하고 있다, 뭐 그런 건가요?

> 정답입니다. 놀랍습니다. 제논님. 역시 멋지십니다. 제 눈이 틀리지 않았군요.

이런 건방진. 하지만……

정말 놀라운 건 그다. 나는 미처 생각지도 못했던 결론의 도출이다. 섬광처럼 스쳐 지나는 그 무언가.

그가 말한다.

> 제논님, 왜냐하면 말이죠. 제 생각엔…… 그런 메타적 사고 속에 웃음이 있고, 그 웃음을 보는 눈을 통해 우리 삶이 더욱 풍요롭고 여유로울 수 있기 때문이 아닐까요?

잡힐 듯하는 뭔가가 있다.

지난 겨울 내내 풀기 위해 고생했던 퍼즐 해결의 실마리를 여기서 찾을 수 있지 않을까 하는 조심스러운 기대.

도대체 그는 누구인가?

나는 좀 더 떠볼 심산으로 그리고 나도 만만치 않다는 것을 보일 요량으로, 사실 자존심 상하는 일이지만, 슬쩍 미끼를 던져 본다. 불치하문. 아랫사람에게 묻는 것을 부끄러워하지 말라고 하는데, 하물며 아직 어린 내게 자존심이 뭐 그리 대순가. 그래도 한구석 당황한 면도 없지 않다. 자존심까지 생각하는 내 모습을 보면서 말이다.

> 뫼비우스님. 님의 말을 들어 보니까, 그 예와 유사한 구조의 예를 선불교의 선문답에서 쉽게 찾을 수 있을 거 같네요.

> 그래요?

> 네. 제 생각에는요.

> 어떤?

> 뫼비우스님도 알 만한 예죠. 어느 날 한 스승이 몽둥이를 들고 준엄한 목소리로 제자에게 말합니다. 참, 그리고 보니 이 예는 고진이 ≪은유로서의 건축: 언어, 수, 화폐≫에서 말하고 있는 거네.

이런이런. 의도가 빗나가는 순간이다. 아, 바보 같으니. 그러나 어쩌랴. 이미 뱉어 버린 것을.

> 아, 알겠어요. 제논님. '네가 만일 이 몽둥이가 실재한다고 말한다면 나는 너를 이걸로 때릴 것이다. 네가 만일 이 몽둥이가 실재하지 않는다고 말해도 나는 너를 이걸로 때릴 것이다'라고 하는 선문답 말이죠?

> 네. 그렇다면 제자는 어떻게 반응할까요? 뫼비우스님도 주지하고 있듯이 제자는 스승으로부터 몽둥이를 낚아채죠. 그리고 스승은 미소를 지으며 제자의 행동을 깨달음으로써 승인하게 되죠.

> 무슨 말을 하려는지 알겠어요.

> 일상적으로 보자면 이 선문답이 무엇을 의미하는지를 이해하기는 매우 어렵죠.

> 네, 그렇죠.

> 그래도 좀 더 생각해 보면 이 선문답은 이미 결정된 구조 속에

가두어 놓고 왜곡된 선택의 상황을 강요하는 악어의 논법과 유사함을 알 수 있어요.

> 악어의 논법이라! 절묘한 연결이네요, 제논님.

> 감사합니다. 아시다시피 악어의 논법은 고대 이집트의 전설에서 유래한 일화죠. 나일 강에서 놀고 있는 아이를 잡아간 음흉한 악어에게 아이의 부모는 자식을 돌려 달라고 애원합니다.

> 그때 악어는 "내가 아이를 돌려주겠는가 안 돌려 주겠는가? 그 물음에 대답할 수 있다면 아이를 돌려주마"라고 조건을 걸죠.

> 물론 악어는 아이를 아버지에게 돌려줄 생각이 전혀 없죠. 만약 아이의 부모가 '돌려주겠지요'라고 말하면 '틀렸다'면서 아이를 잡아먹을 심산이고, '돌려주지 않겠지요'라고 말하면 '돌려줄 생각이었는데'라며 아이를 잡아먹을 심산이죠.

> 맞습니다.

> 제논님, 확실히 절묘한 연결입니다.

> 감사합니다.

> 제논님, 님의 말씀을 따르면 더 명확해지겠네요, 의미가. 악어의 논법에서는 무엇을 선택해도 상황은 이미 결정되어 있습니다. 그러나 여기에서 이 선문답의 묘미가 빛을 발합니다. 미로를 빠져나가는 길은 미로를 위에서 바라볼 때 보인다고 하잖아요. 해결책은 선택의 상황에 빠지지 않는 데 있습니다. 선문답에서처럼 제자가 스승의 말에 현혹되면 무엇을 택하든 이미 결정된 상황 속에 빠지고 말죠. 그러나 스승의 말을 무시하면 스승이 던진 악어의 논법에서 헤어 나올 수 있겠죠?

> 뫼비우스님, 멋진 도출입니다.

> 제논님의 탁월한 혜안에 경배를…….

> 아니, 그런 말씀을…… 몸 둘 바를 모르겠네요.

> 아니에요. 보는 눈이 상당하십니다. 스승의 의도는 틀 속에 매몰
되지 말라는 것. 정형화된 틀 속에만 머무르면 보이지 않는 세계
가 그 틀을 벗어나는 순간 황홀한 모습으로 다가오겠죠?

> 뫼비우스님의 표현대로라면, 결론은 메타적으로 사고하라는 것
이겠죠?

> 메타적 사고라? 네, 그 말이 딱 맞는 말이네요. 핵심이 다 드러나
는 표현 같아요. 그것을 볼 수 있어야만 웃을 수 있고, 웃음 속에
서 또 다른 세계를 대면할 수 있지 않을까 생각되네요.

> 동감입니다.

> 오늘 대화, 유쾌했어요. 제논님과 이야기하면 늘 유쾌하지만요.
오늘은 더욱 그러네요. 그나저나 어, 벌써 시간이 이렇게 되었나?

> 그러게요.

그는 마무리 또한 늘 이런 식이다. 다소 일방적인, 그러나 동의할
수밖에 없는 그런 마무리긴 하지만.

> 가 봐야겠어요.

> 그래요.

> 나중에 또 봐요. 그럼. 안녕.

어느새 해거름이다. 기웃한 해가 노을을 낳는다.

그와 만나고 나서 나는 그와 나누었던 이야기들을 되새겨 보았다.

그러던 중 불쑥 삼촌이 내준 퍼즐을 어쩌면 쉽게 풀어 나갈 수 있을지도 모른다는 생각을 하게 되었다. 처음에는 조심스러운 기대였는데, 점차 분명한 기대로 바뀌고 있었다. 막연함에서 오는 불안감이나 조급함이 희망의 모습으로 드러날 때, 설렘이 불안감이나 조급함의 자리를 대신한다.

그렇다고 그게 썩 기분 좋은 일만은 아니다. 어쩌면 그건 퍼즐을 푸는 일 때문만이 아니라 내게 심각한 고민과 그로 인해 과도한 정신적 에너지를 쏟아야 하는 부담을 안겨 줄 테니까 말이다. 게다가 잘못되기라도 하면 갖게 되는 좌절감이라니.

하지만 신선하지 않은가.

여하튼 다시금 나는 습관적으로 그리고 질병처럼 그와 나누었던 이야기를 되새기는 데 골몰했다.

메타적으로 사고한다? 메타적으로 사고한다는 것은 다르게 본다는 것을 의미하지. 다르게 본다는 것은 주어진 것들에 대해 끊임없이 의심하는 것을 의미하고. 그럼으로써 우리는 우리 자신을 포함한 참된 세계의 모습에 다가갈 수 있지 않을까? 그러기 위해서는 많은 편견과 속단을 떨쳐 버려야겠지. 내가 지금까지 갖고 있던 생각 모두를 말이야. 르네 데카르트처럼.

하나둘씩 퍼즐을 풀기 위해 필요한 내용들이 구조를 갖추기 시작하고, 그렇게 또 며칠이 지났다.

한 무리의 삼촌 제자들이 삼촌 연구실로 찾아와 법석을 떨다 나가고, 나는 연구실 청소와 우편물 정리를 한 후 소파 깊숙이 들어앉는다.

갑자기 전화다. 휴대폰으로 넘어오는 목소리.

> 현아, 나야. 지금 뭐해?

동수다. 몇 명 안 되는 친구 중 하나다. 나랑 같이 삼촌에게서 어려서부터 철학과 논리학을 배웠던 그는 나와 다르게 학교 공부도 열심이어서 과학영재고 2학년 때 이미 서울대 수리과학부에 입학을 했다. 지금은 어엿한 대학생이 되었다는 말이다. 천재성이 번득이는 동수는 천재들이 그러하듯이 아주 독특한 캐릭터를 갖고 있다. 예를 들면 일반인이 보기에 불필요한 것을 잘 기억하고 있다든지, 천재적인 수학자 스리니바사 라마누잔[1]처럼 숫자만 보면 골몰을 한다든지.

> 지금? 벌 떼 군단을 물리치고, 청소하고, 우편물 정리하고 잠시
  휴식을 취하고 있지.
> 그래? 그렇군. 근데 오늘 퍼즐 배틀[2]에 갈 거야?
> 퍼즐 배틀? 그게 오늘이야? 오늘이 무슨 요일이야?
> 목요일.

목요일? 그럼 지금 몇 시지? 5시 30분?
갑자기 그가 생각났다. 길들여진 사람처럼. 노트북을 열며 메신저

---

1) 스리니바사 라마누잔의 일화를 알고 있는가? 어느 날 수학자 고프리 하디가 푸트니에 있는 라마누잔을 찾아간 적이 있었다. 하디는 1729번인 택시를 타고 갔는데, 라마누잔에게 그 택시번호를 이야기하면서 별 의미가 없는 숫자라 불길한 징조가 아니길 바란다고 말했다. 그러자 라마누잔은 그 번호가 아주 흥미로운 숫자라고 말했다. 왜냐하면 이 숫자는 두 세제곱 수의 합계를 두 가지 다른 방식으로 표현($1729 = 12^3 + 1^3 = 10^3 + 9^3$)할 수 있는 최소의 수이기 때문이다.

2) 퍼즐 배틀은 친구와 내가 가입한 퍼즐 풀기 동아리로, 매달 모임에 있는데, 모여서는 말 그대로 팀을 구성해서 제한된 시간에 상대가 낸 문제의 정답을 맞히는 형태로 진행된다. 우리 지역에서 모이는 회원만 20명가량 된다. 1경기가 5라운드로 구성되며, 제한 시간은 10분씩 주어진다. 우리들만의 리그도 있으며, 매년 전국대회가 열린다.

를 실행시킨다.

> 갈 거야 말 거야? 갈 거면 만나서 같이 가고.
> 그래. 같이 가자. 참, 배틀이 몇 시지?
> 7시니까…… 거기서 6시 30분에 출발하면 돼. 내가 6시 30분쯤 삼촌네 학교 정문 앞으로 갈게. 시간 맞춰 나와.
> 오케이.

퍼즐 배틀이라. 그렇지, 퍼즐 배틀이 있었지. 깜빡했군.
혼잣말을 하는 동안 노트북이 예의 기계음을 내며 부팅을 시작하고, 자기를 드러내기 시작했다.
나는 메신저를 띄우고, 그렇게 기다렸다. 그를.
시간이라는 게 참 묘하다. 시간은 물리적이 아니다. 적어도 지금 같은 때는. 지극히 심리적이다. 한 1분쯤 지났을까. 오랜 시간이 흐른 듯한 느낌이다.

> 안녕하세요. 제논님.
> 안녕하세요. 뫼비우스님.
> 저를 기다리셨나요?
> 그럼요.
> 감동이네요.
> 감동까지야. 우리 한동안 못 만났잖아요.
> 그러게요. 잘 지내셨죠?
> 네. 님도요?

> 네. 그럼요.

늘 그렇게 시작된 이야기.

> 뫼비우스님. 지난번 뫼비우스님과 이야기를 나누고 난 후 메타
  적 사고에 대해 많은 생각을 했어요.
> 그래요? 저도 나름대로 많은 생각을 하면서 보냈지요.
> 네.
> 그러면서 든 의문이 하나 있었어요. 제논님.
> 말씀해 보세요.
> ≪이솝 이야기≫의 한 대목인데요……

드디어 시작이다. 긴장이 된다.
대화창으로 그의 이야기가 올라오는 것을 보며 커피를 탄다.

> 목이 마른 까마귀 이야기 있잖아요.

형들이 들락날락거리며 이것저것을 묻는다. 나는 대충 대답해 주
다가 아예 연구실 문을 잠그고, 얼른 책상으로 와 앉는다.

> 제논님, 목이 너무 말라 죽을 지경인 까마귀가 물이 조금 들어
  있는 목이 긴 항아리를 발견하게 됐어요. 까마귀는 항아리 속의
  물을 마시려고 여러 번 시도했지만 짧은 목으로는 물까지 닿을
  수가 없었죠. 무거운 항아리를 넘어뜨리려고 애를 써 보다 끝내

실패하자 까마귀는 갈증을 채울 수가 없어 절망에 빠지게 되죠. 그때 좋은 생각이 하나 떠오릅니다.

> 때론 우연이 일을 만들죠.

> 맞아요. 가까운 곳에 있는 작은 돌들이 흩어져 있는 것을 발견한 까마귀는 그 돌들을 항아리 속에 채워 넣기 시작했습니다. 그러자 항아리에 돌이 차기 시작하면서 물이 올라오기 시작했죠.

> 아주 단순한 과학 원리죠. 그 까마귀는 영리한 까마귀네요.

> 그렇죠? 그리고 그 까마귀는 물을 마실 수 있게 되었죠.

> 뫼비우스님, 오늘은 이솝 이야기를 통해 무슨 말씀을 하시려고……

> 이 우화는 '필요는 발명의 어머니'라는 교훈의 예로서 자주 인용되고 있죠.

> 네, 그래요. 목마른 사람이 우물 판다고 했던가요? 필요가 발명을 북돋운다는 신념은 기술의 발전과 과학의 발전을 설명하는 중요한 해석틀로서 사람들에게 각인되어 있죠. 이솝 이야기의 이 까마귀 우화는 그걸 위해 자주 인용되는 것이고요.

> 제논님, 그런데 정말 필요가 발명을 북돋우나요?

의표를 찔렸다. 가슴이 아프다. 아, 이건 또 어떤 함정인가?

함정? 함정이 아니라 날카로운 노림수다.

풀어야 할 문제다. 이상한 문제. 어려운 문제가 아니라 깊이를 요구하는 문제.

> 글쎄요. 사실 인간은 물이 필요하기 때문에 우물을 파고 강을 막

지 않습니까? 심지어는 바다 속 깊은 곳에서 심층수라는 것을 채취하기도 하고요, 맑은 공기가 필요하기 때문에 공기청정기나 산소발생기 등을 만들기도 하지요. 때로 인간은 음식이 필요하기 때문에 곡물을 재배하고 동물을 사육하기도 하고. 또 때로는 이동 수단이 필요하기 때문에 배, 마차, 자전거, 자동차, 비행기, 우주선 등을 발명했고, 그에 따른 기술과 과학을 끊임없이 발전시켜 왔죠. 이솝 이야기처럼 인간이 만든 인공적 발명품들은 대부분 인간의 절박하고 긴급한 필요를 만족시키기 위해 기술을 사용한 결과가 아니겠어요? 그렇다면 '필요는 발명의 어머니'라는 말이 문제가 있어 보이지는 않는데.

> 그러나 제논님, 정말 필요는 발명의 어머니입니까? 항상 그렇습니까?

> 항상 그렇기야 하겠습니까마는…….

> 물론 필요는 발명의 어머니라는 사실을 부인하기는 힘들죠. 하지만 모든 발명이 반드시 필요로 인해 가능해졌다는 주장은 어딘가 미심쩍지 않나요?

허, 이거 참. 난감하다. 무어라 대꾸해야 하나…….

> 이것과 관련해서 조지 바살라라는 사람이 ≪기술의 진화≫라는 책에서 재미있는 반론들을 제기하더군요.

바살라? 낯이 익은 이름인데. 얼핏 눈이 서가로 간다.
바살라…… ≪기술의 진화≫…… 어, 저기 있다.

> 바살라는 말합니다. 사람들은 흔히 자동차가 절대 필수 불가결한 존재라고 말하지만 자동차가 처음 등장한 것은 겨우 1세기 전이 아니었느냐.

나는 책을 찾아 자리로 돌아왔다.
읽지 않은 책이다. 이러면 밀리는데. 순간 나는 그와 경쟁을 하고 있다는 생각을 했다. 한편으로는 그와 과연 경쟁이 될까 하는 자신 없는 생각도 들었다.

> 니콜라우스 A. 오토가 1876년에 4행정 내연 기관을 발명하기 전에도 모든 사람은 만족스럽고 행복한 삶을 보냈다네요. 가솔린 엔진 자동차의 기원을 보면, 발명자가 가솔린 엔진 자동차를 하루바삐 발명해야만 하는 무슨 특별한 요구가 없었다는 것이죠. 바살라가 보기에는.
> 네. 뫼비우스님, 제가 그쪽은 잘 몰라서. 지금 그 책을 찾았는데…… 읽은 책이 아니라서요.
> 읽건 안 읽건, 그게 뭐 중요합니까?

그렇다. 책을 읽었느냐, 아니냐가 중요한 것은 아니다.
다시 한 방 먹었다.

> 그래도…….
> 아니에요. 여하튼 바살라에 따르면 국제적으로 심각한 말 부족 사태가 벌어졌다든가, 뭐 그래서 그런 위기를 해결하기 위한 방

편으로 자동차가 개발된 것은 절대 아니라는 뜻이죠.

> 정말 자동차 개발에 대한 요구가 없었나요?

> 질문을 좀 분명하게 정리할 필요가 있다고 생각되는데요. 자동
차 개발에 대한 요구는 있었겠죠. 문제는 그 요구가 말을 대체
할 교통수단의 요구인지, 아니면 다른 요구인지를 구별하는 것
입니다.

> 요구가 있다면 필요가 있다는 것 아닙니까?

> 그럴 수도 있겠죠. 하지만 그 요구가 단순한 호기심이나 장난일
수도 있지 않겠어요?

섬세한 분석이다. 놀랍다.

> 바살라 말을 전적으로 믿을 수 있는가 하는 문제는 있겠지만, 그
래도 그가 나름대로 근거를 들고 있는 것으로 보면, 운송 수단
혹은 교통수단의 대체품으로서 자동차 개발이 이루어진 것은
아니라는 겁니다. 자동차가 처음 등장한 1895~1905년의 10년
동안 사람들에게 자동차의 지위, 바살라는 이렇게 표현하는데
혹은 자동차의 의미는 일종의 장난감이었다는 게 바살라의 평
가입니다.

> 이해는 가네요. 비용 면에서 보자면 그 시기에 자동차를 아무나
구입할 수 있었던 것은 아닐 테니까요. 아마도 구입할 능력이 있
는 부유한 사람들만의 몫이었겠죠. 요즘도 그런 일들이 가끔 언
론에 보도되곤 하잖아요.

> 바로 그겁니다. 초기에 자동차는 부유한 사람들의 사치스러운

완구에 불과했었다…….

> 아, 그래서 요구는 있었겠지만, 그 요구가 흔히 말하는 필요 때문이 아니라 유희나 뭐 그런 이유 때문이라는 거죠?

> 네. 적어도 제가 보기에는. 그렇다면 필요가 발명을 북돋운다는 생각은 어딘가 이상하죠.

들고 보니 그렇다. 뭔가 반론할 거리가 있을 것도 같았는데…….
불현듯 낭패감이 들었다.

> 제논님, 이것은 무엇을 의미할까요? 적어도 자동차는 필요에 의해서 발명된 것이 아니라는 것이죠. 그리고 그것은 필요는 발명의 어머니라는 말을 훌륭히 반증하는 사례가 되겠죠.

> 그렇겠네요.

> 이 점을 보다 분명히 하기 위해 바살라는 트럭의 예를 덧붙여 소개하고 있죠. 제가 그대로 옮겨 드릴게요. 아니다, 책을 갖고 계시다니까…… 시간 날 때 한번 보세요.

그렇다. 뫼비우스가 말한 대로 필요는 발명의 어머니라는 것을 반증하기 위해 《기술의 진화》라는 책에서 바살라는 보다 분명한 예를 들고 있다. 이해를 돕기 위해 그대로 옮기면 이렇다.

"트럭은 자동차보다 훨씬 늦게 받아들여졌다. 제1차 세계대전 동안 군용 트럭의 성공적인 수송 실적과 전후 트럭 제조업자의 강력한 로비 노력이 합쳐져서 마침내 말이 끄는 마차가 트럭으로 바뀌었고 그보다 조금 늦게 철도 수송도 트럭으로 대체되었던 것이다. 그러나 트럭 역시 말이나 증기 동력의 명백한 한계를 극복하기 위해 발명된 것은 아니었다. 자동차의 경우도 이와 마찬가지이다."

> 제논님, 정리하자면 이런 거예요. 필요는 발명의 어머니라는 말이 성립하려면 트럭에 대한 요구나 필요성은 트럭이 발명되기 이전에 있었어야 하는데, 사실 관계를 살펴보면 그러한 요구나 필요성은 트럭이 발명된 이후에 생겼다는 겁니다. 이 이야기를 확장하면 자동차, 트럭 등 수송 수단은 내연 기관의 개발의 연장선에 이루어진 일일 뿐이라는 것이죠. 수송 수단으로서의 쓰임이나 필요성은 그 후에 요구된 것이고요.
> 그러니까 쉽게 이야기하자면 트럭 등의 수송 수단을 먼저 만들고 나서 그것을 어디에다 활용할지 그 쓰임새를 찾았다는 이야기인가요?
> 그런 셈이지요. 적어도 바살라 이야기에 따르면…….

머리가 띵하다. 해머로 맞은 듯한, 그런 오래도록 둔중한 충격 말이다.
뭔가 불길한 느낌이다. 쉽게 헤어나지 못할 수도 있다는 불길함. 그로 인해 내가 무너질 수도 있다는 불길함.

> 네. 그런데, 그래서 뫼비우스님이 하시고자 하는 말씀은 뭐예요?
> 아, 그렇죠. 원래 하고자 했던 이야기는 안 하고 잠시 다른 길로 빠졌죠, 제논님?
> 네.

> 결국 세상을 어떻게 보느냐 하는 문제인 거 같아요.

> 세상을 어떻게 보느냐 하는 문제라……

> 주어진 관점, 고정된 관점에서만 보면 잘 안 보이더라고요.

> 무엇이요?

> 세상이죠……. 뭐…… 저는 제대로 보고 싶은데…… 그래서…….

> 또 시간이 이렇게 되었네요. 가 봐야겠어요. 나중에 봐요…….

또 그가 그렇게 간다.

> 네. 그러세요. 오늘 너무 많은 걸 배웠네요.

그가 가고 난 후에야 그와 이야기를 하던 시간 내내 나는 아무런 응대도 변변하게 하지 못했던 나를 보았다.

자괴감. 내가 그를 대하며 갖고 있던 오만함이 붕괴되는 소리가 들렸다.

그동안 알게 모르게 나는 오만 속에 사로잡혀 있었다. 일상에서 보이는 평범한 이면에 품고 있던 오만함. 내 또래의 다른 아이들에 비해 혹은 나아가 다른 어른들에 비해 어떤 특정한 부분에서 '나는 특별하다', '나는 똑똑하다'라며 얼마나 자만해했던가.

그러나 인정하기 싫지만…… 인정해야만 했다.

나는 무엇인가……. 나는 아무것도 아니다.

나는 동수에게 전화를 걸었다.

> 동수냐? 어디냐?

> 학교 앞이다.

> 그래? 알았다. 오늘 배틀 가지 말고 나랑 이야기 좀 하자.

> 왜? 무슨 일 있어?

> 그냥 그러고 싶어서…… 갑자기…….

> 그래? 알았어.

그렇게 그 하루, 난 아무 말 없이 맥도날드에서 콜라만 마시고 있었다. 동수는 아무 영문도 모른 채 나와 함께 있었다. 창밖으로 지나가는 차들의 숫자에 골몰하며.

그건 단지 시작에 불과했다.

시간은 그렇게 지났다.

가슴 속 한구석이 답답했다. 왜 그런지 잘 알지만 인정하기 싫었다. 그렇게 일주일이 지났다. 뭔가 회복을 할 만한 계기가 있어야 하는데, 그게 쉽지 않았다.

게다가 뫼비우스로 인해 느끼는 어떤 절망감은 퍼즐을 푸는 진행을 가로막았다. 오만함 속에 파묻혀 있던 부끄러움들이 하나둘씩 일어나면서 점차 나 자신을 돌아보게 되었다.

학교생활이나 성적 등을 보면 나는 평범한 학생이다. 그러나 우스운 이야기일지 몰라도 나는 내가 특별하다고 생각해 왔다. 그런데 과연 내가 특별한가? 과연 내가 똑똑한가? 과연 내가 삼촌이 준 퍼즐을 풀 만한 능력이 있는가? 단지 퍼즐을 푸는 문제만이 아니었다.

한 번도 나 자신의 능력에 대해 의심하지 않았건만 슬슬 회의가 들기 시작했다. 그건 심각한 고통을 수반할 수 있는 무서운 징조였다.

그러던 차에 그를 다시 만났다. 그것도 휴일 아침에.

그는 마치 나를 훔쳐보기라도 하듯, 비어 있는 내 시간에 파고들어왔다.

그리고 그가 말한다.

> 지난번 하던 이야기를 계속 해야겠어요. 다시 생각을 정리해 봤거든요.

지금은 별로 대화하고 싶지 않다. 그렇게 말해야겠다고 생각하지만, 그가 비웃을 것 같아 차마 말을 하지 못한다. 그렇게 끌려가면서 어느새 그와의 대화에 난 빠져 있다.

> 네. 그랬군요. 어떻게 정리를 하셨나요?
> 영역을 보다 구체적인 부분으로 넓혀 보았죠. 인간의 사고 능력과 관련된 편견이나 속단의 경우처럼 말이죠.

그는 당당하다. 언제나.

> 그 전형적인 예들을 수학과 관련한 문제에서 찾을 수 있을 듯싶어요.
> 어떤 것들이 있나요?
> 숫자를 처음 배우면서 숫자의 개념을 파악하기 시작한 어린이들은 '하나', '둘', '셋' 하면서 숫자를 세는 것에 매우 흥미를 느낍니다.
> 그렇죠. 그러다가 하나, 둘, 셋 하면서 세는 셈이 어디까지라도 계속 이어질 수 있다는 것을 알고 나서는 흥미를 넘어 놀라움을

느끼기까지 하죠.

> 그래요. 물론 이러한 놀라움은 어린이들이 성장하면서 반감되고 아주 당연한 것으로 받아들여지게 됩니다. 그래도 그렇게 해서 배운 숫자와 셈법을 물건을 셀 때라든가 값을 계산한다든가 혹은 크기를 따진다든가 하는 등의 방법으로 일상에서 적절하게 이용하죠.

> 맞아요. 뫼비우스님, 여담입니다만 그런 숫자와 셈법은 잠을 이루지 못하는 불면의 밤에는 그 효용이 더욱 커지죠.

> 하하하. 불면의 밤에 커지는 효용성이라. 멋지군요, 제논님.

> 뫼비우스님은 잠을 이루지 못하는 밤에 '양 한 마리, 양 두 마리, 양 세 마리, ……'라고 세다가 어느새 잠이 들어 아침을 맞은 경우가 없었나요?

> 당연히 있죠. 간혹 양을 세다가 머리가 더 맑아져 잠 한숨 못 자고 꼬빡 밤을 샌 경험도 있는걸요.

> 아마도 제 생각엔 그 경우에는 대부분 어느 정도까지 양의 수를 세도 또 한 마리가 머리에 떠오르기 때문에 셈을 주체하지 못해 밤을 새는 것이 아닐까 생각해요. 그때 사람들은 무한으로 수를 셀 수 있다는 수의 신비를 자연스럽게 체득하죠.

> 제논님, 근데 여기서 한 가지 재미있는 의문이 떠오르는군요.

> 어떤 의문이 떠오르나요?

> 무한하게 수를 셀 수 있지만 과연 무한을 셀 수 있을까요?

무한을 센다니, 이쪽 분야를 잘 모르는 일반인들에게는 어찌 보면 무척 황당한 이야기다. 그러나 무한도 셀 수 있다.

> 뫼비우스님, 무한도 셀 수 있답니다.
> 하하하. 당연히 셀 수 있겠죠? 거기서 제 고민이 깊어졌답니다.

예의 그 건방진 어투다. 그러나 거부감은 예전보다 덜하다.

> 어떤 고민?
> 제논님, 궁금하시죠?

사실 지금은 별로 궁금하지 않았다. 그런데 내 마음은 이미 궁금증 저 끝으로 달려가고 있었고, 내 손은 이미 궁금해서 미치겠다는 투의 글을 날리고 있었다.

> 네. 너무 궁금해요, 뫼비우스님.
> 그러실 줄 알았어요.

과연 알았을까? 하긴 그는 내가 무엇을 몹시 궁금해하는지를 잘 아는 것 같았다. 아니, 나에 대해 잘 아는 것 같았다.

> 자, 그럼 갑니다.
> 네.
> 무한이라는 문제는 참 어려운 문제잖아요.
> 그렇죠.
> 갈릴레오 갈릴레이의 경우를 생각해 보죠. 그도 무한이라는 문제가 매우 어려운 문제임을 자각하고 있었던 것 같아요. 4(2×2)

나 9(3×3)처럼 그 자신을 반복해서 곱해서 얻은 값인 제곱수의 경우, 이 제곱수는 자연수 전체 중에서 어느 정도의 비율을 차지하고 있을까요? 어느 심심한 날, 제가 자연수 진행을 일일이 따라가면서 찾아보았죠. 그리고 다음과 같은 사실을 알았죠.

1에서 10까지: 30%(1, 4, 9)
1에서 20까지: 20%(1, 4, 9, 16)
1에서 30까지: 16%(1, 4, 9, 16, 15)
1에서 40까지: 15%(1, 4, 9, 16, 25, 36)

갈수록 제곱수의 비율이 떨어지더군요.

당연한 이야기 아닌가? 그게 무슨 대단한 발견이라고. 자연수를 나열하면서 제곱수 발생을 표시해 보면 다음과 같다.

```
 1   2   3   4   5   6   7   8   9  10
11  12  13  14  15  16  17  18  19  20
21  22  23  24  25  26  27  28  29  30
31  32  33  34  35  36  37  38  39  40
......
```

이와 같이 자연수 계열이 계속될수록 제곱수는 점점 감소해서 그 비율이 1에서 10,000 사이에는 1%(100개)로, 1에서 1억 사이에는 0.01%(10,000개)로 급속하게 떨어진다.

> 제가 어떤 친구한테 물었죠.

친구가 있다? 그가 자신에 대해 스스로 밝힌 첫 번째 정보다.

> 무엇을 물었죠?
> 과연 자연수 전체에서 제곱수의 비율은 얼마나 될까? 그랬더니
  그 친구가 '어려운 문제지만 그리 많지는 않을 것 같은데'라고
  대답하더라고요. 그래서 또 이렇게 물었죠. 자연수 집합을 구성
  하는 원소의 개수와 제곱수 집합을 구성하는 원소의 개수를 비
  교하면 어느 것이 더 많을까?
> 뫼비우스님, 대부분의 경우 사람들은 당연히 자연수를 구성하는
  원소의 개수가 더 많을 것이라고 대답하죠. 저도 몇 번 그런 경
  험을 한 적이 있어요.
> 친구도 그렇게 대답을 하더라고요. 그것도 질문이냐는 듯이 비
  아냥거리며.
> 하하하.
> 그래서 제가 그랬죠. '둘이 같아.' 그랬더니 동의할 수 없다는 표
  정으로 목소리를 키우면서 제가 틀렸다는 것을 증명하려 들더
  라고요.
> 일반인들은 받아들이기 어려운 이야기죠. 그래서 어떻게 하셨어요?

이런, 일반인들이라니? 그럼 나는? 이 순간 내가 사용하는 말 속에
는 구별 짓거나 차별하는 말이 참 많다는 생각이 불현듯 들었다.

> 그래서 차분히 제가 설명을 해 줬죠.

'했다'가 아니라 '해 줬다'? 그가 사용하는 말에도 구별 짓거나 차
별하는 말이 많다.

그는 그것을 알고 있을까? 또 그것이 어떤 사람들에게는 상처가 된
다는 것도.

> 문제는 두 집합이 유한 집합이 아니라 무한 집합이라는 것이다.
유한 집합이라면 집합을 구성하는 원소의 개수가 정해져 있기
때문에 개수의 크기를 비교적 쉽게 비교할 수 있지만, 두 집합
이 모두 무한 집합이기 때문에 하나하나 세면서 집합을 구성하
는 원소의 개수의 크기를 비교할 수는 없다. 따라서 두 집합을
비교할 수 있는 손쉬운 방법을 고려해야 한다. …… 이쯤 되니
까…… 친구가 머리를 절레절레 흔들더라고요.
> 하하하.
> 그래도 저는 계속했어요. 보통 사용하는 방식은 두 집합의 원소
를 하나씩 1 : 1로 대응시켜 셈한 뒤에 제거하는 것인데, 이때 원
소를 틀리게 센다든가 원소를 빠뜨리고 센다든가 같은 원소를
중복해서 셈하는 경우는 배제하기로 하면, 다음과 같은 관계가
구성된다…….

N =	{1	2	3	4	5	6	……}
	‖	‖	‖	‖	‖	‖	
S =	{1	4	9	16	25	36	……}

이 관계는 하나의 자연수 n에 대해 하나의 제곱수 n^2을 대응시키는 규칙성을 나타낸다. 네가 옛날 수학 시간에 배웠던 것인데, 잘 기억해 봐라, 이 규칙성을 '자연수 n에 대한 하나의 P(n)에 대해, 1) P(n)은 n=1일 때 성립한다, 2) P(n)은 n=k일 때 성립한다고 가정하면 n=k+1일 때도 성립한다'는 수학적 귀납법에 따라 계산해 보면 무한한 상황까지 규칙성이 항상 유지됨을 알 수 있다. 따라서 자연수 집합을 구성하는 원소의 개수와 제곱수 집합을 구성하는 원소의 개수가 같다는 결론을 내릴 수 있다……

> 친구의 반응은 어땠어요?

> 그래도 친구가 명민한 놈이라 이것이 논리적으로 너무나 분명한 증명이라는 점에는 동의를 하더라고요. 그런데 자신의 생각이 틀렸다는 사실에 대해서는 무척이나 당황해하더라고요.

> 뫼비우스님, 아마 그 친구만이 당황해하는 건 아닐 거예요. 그 이야기를 듣는 대부분의 사람이 당황해할 거예요. 근데 그걸로 끝인가요?

> 아니죠. 제가 친구에게 이야기했죠. '네가 지금 당황스러워하는 이유를 내가 안다. 근데 진짜 이야기는 지금부터다.' 그랬더니……

> 그랬더니요?

> 그냥 가 버리더라고요.

> 하하하.

상황이 짐작이 간다. 그의 친구가 당황해하는 모습이. 나도 그를 만나서, 이야기를 나누고, 그렇게 지금 그 때문에 무척 당황스러운데…… 아마 그는 이 당황스러움이 무엇을 의미하는지 알까?

> 참, 뫼비우스님, 근데 깊어 가던 고민의 내용이 무엇입니까?

> 아, 맞아. 그 말씀을 드리려고 이렇게 떠든 거였는데…… 엉뚱한
  이야기가 너무 길었죠?

> 괜찮아요.

> 근데, 이걸 어쩌죠?

> ???

> 나가 봐야 하는데…… 나중에 더 이야기하면 안 될까요?

이쯤 되면 화가 날 법도 한데, 역시 습관이라는 건 무섭다. 늘 그런
식인데……. 그래서 당연시한다.

> 그러세요. 나중에 이야기해요.

그가 떠났다. 뭔가 허전하다.

그에 대해서 느끼는 상대적 빈곤감으로 지난 일주일 동안 얼마나
힘들었나. 그런데 이번에는 '내가 그와 무슨 이야기를 했지?' 하는 허
망함만이 남았다.

그는 그렇게 떠났고, 모든 건 남은 자의 몫이다.

나도 나 자신에 대한 문제들을 정리하느라 꽤 많은 시간을 보냈다.
이 상태로는 아무것도 할 수 없을 것 같았는데, 다행히 좌절감이 더
이상 나를 괴롭히지는 않았다.

아직 완전히는 아니지만 내가 부족하다는 사실을 인정할 수 있었
다. 아마도 나는 내가 무척 특별하다는 왜곡된 허영과 허명 속에서
오래 머물러 왔는지 모른다. 그건 자존심이 아니라 자만심이었다.

내게 부족한 건 채우면 되는 것이고. 그래, 나는 아무것도 아니야. 그냥 고등학생일 뿐이야. 삼촌에게서 너무나 특별한 것을 배운 덕에 오만을 부렸을 뿐이야. 그래서 안일하게도 자만심과 허위의식을 벗어나기가 어려웠던 거야.

자위일 수도 있지만, 적어도 그게 진실이었다. 마음이 조금은 평안해질 수 있었다.

그렇게 밤이 되었고, 보통 때와는 다르게 그가 그 밤에 다시 나타났다. 뭔가 이야기를 매듭지어야 한다고 생각했기 때문일까? 아니면? 그의 성격이 생각보다 급하다든가.

> 오늘은 특별한 날이군요, 뫼비우스님.
> 왜요?
> 하루에 두 번씩이나 뫼비우스님을 만나니 말이에요.
> 하하하, 그렇군요. 조금 특별하군요.
> 그런데 이 밤에 어쩐 일로…….
> 그냥 이야기가 하고 싶어서요. 아까 아침에 하던 이야기 말이에
   요. 이야기를 마무리하지 못했다는 생각이 내내 맘에 걸려서요.

이제 나는 그와 대화를 나누는 사람이 아니라 이야기를 들어 주는 사람이 되었다. 차라리 그게 편한지도 모른다. 그가 하는 말을 듣는 사람.

> 뫼비우스님은 생각이 참 많은가 봐요. 할 말도 많고.
> 네. 그래요. 그런데 이런 이야기를 편히 나눌 사람을 아직 못 찾
   았어요.

> 왜요? 꽤 있을 텐데…….

> 글쎄요. 한두 마디 건네면 모두 기겁을 하더라고요. 제논님은 예외지만…….

> 이거 감사하다고 해야 하나요?

> 제논님, 오히려 제가 감사하죠. 아주 많이.

> 여하튼 하던 이야기를 마저 하시죠.

> 제논님, 우선 무한에 대한 셈과 관련한 다른 기이한 문제를 하나 더 살펴보아야 할 거 같아요. 그래야 제가 가졌던 고민을 말할 수 있을 듯싶어요. 어떤 문제를 예로 들까?

잠시 생각 중인가 보다. 예를 찾기 위해서? 아니면 할 말을 정리하기 위해서?

> 뫼비우스님, 제가 예를 하나 드릴까요?

> 그래 주시면 좋죠. 지금 적절한 예가 갑자기 생각이 안 나서 고민이었는데…….

정말 예를 찾고 있었던 걸까? 아마도 내 말에 대한 배려로 보인다. 고마워해야 하나?

> 무한 호텔 이야기는 어떨까요?

> 아, 맞다. 바로 그거네요. 역시 제논님은 멋지시군요.

이런 이런. 이건 또 어떻게 받아들여야 하나.

> 이 우주 어느 곳에 객실을 무한개 가지고 있는 무한 호텔이 있다고 가정해 보죠. 이 호텔의 객실은 모두 차 있습니다. 그런데 갑자기 한 손님이 찾아와서 어떻게든 숙박할 수 있게 해 달라고 애원합니다. 상식적인 생각이라면 객실이 모두 차 있기 때문에 그 손님의 애원을 거절할 수밖에 없을 것입니다. 그런데 이 호텔 지배인은 아무 걱정이 없다는 듯이 1호실 손님을 2호실로, 2호실 손님을 3호실로 이동시키면서 손님을 받아들입니다. 이날 따라 손님이 물밀듯이 밀려와 5명, 10명, 급기야는 수를 헤아릴 수 없이 많은 손님들이 이 호텔에 찾아들었습니다.

> 호텔 지배인은 아까처럼 아무 걱정 없이 손님들을 다 받아들였겠죠. 물론 기존의 손님들이 자리 이동 때문에 불만을 터뜨리기는 하겠지만.

> 그랬겠죠, 제논님? 그래도 호텔 측이 정중히 사과하면 더 이상의 문제는 발생하지 않을 것이고…… 나중에 온 손님들은 고마워하면서 무사히 무한 호텔에 묵을 수 있겠죠.

> 저 같으면 사과를 받아들이지 않은 텐데……

> 그건 저도 마찬가지예요. 하하하. 여하튼 하나의 예를 가정하는 것이니까 우리도 호텔 측을 용서하도록 하죠.

> 그럴까요?

> 제논님, 아마 사람들은 이 이야기를 받아들이기 쉽지 않을 거예요. 어떤 이는 말도 안 되는 이야기라고 할 것이고.

> 조금 배웠다는 사람은 이렇게 말하겠죠. 이 이야기는 현실에서는 있을 수 없는 사고의 유희일 뿐이라고. 왜냐하면 이 이야기가 상식에 어긋나기 때문이죠.

> 하지만 이 이야기는 논리의 세계에서는 아무 문제 없이 성립하잖아요.

> 눈치채셨겠지만, 그 이야기는 저도 알고 있는 이야기예요.

> 그런 줄 알고 있었어요, 제논님. '무한 호텔'이라는 말을 사용하는 사람은 별로 없거든요.

> 하하하.

> 제논님, 아시다시피 이 무한 호텔의 이야기는 다비트 힐베르트가 만들어 낸 것으로 알려져 있잖아요.

> 힐베르트의 이 이야기는 게오르그 칸토르에게 와서 더욱 구체적인 논리적 증명으로 이어졌죠.

> 그 결과 칸토르는 더한층 이상한 다음과 같은 사실들을 발견했죠. 첫째, 홀수나 짝수의 집합을 구성하는 원소의 개수는 자연수 집합을 구성하는 원소의 개수와 같다. 둘째, 유리수의 집합을 구성하는 원소의 개수는 자연수 집합을 구성하는 원소의 개수와 같다.

도대체 뫼비우스는 누구일까? 무엇을 하는 사람일까? 힐베르트에다 칸토르까지 들먹이다니.

삼촌의 말씀에 의하면, 이런 경악할 만한 사실들이 발견되어 공표되었을 때 사람들은 충격을 감추지 못했단다. 왜냐하면 이러한 사실들은 상식과는 어긋나지만 한 치의 틈도 없이 논리적으로 완전무결하게 증명되었기 때문이란다. 칸토르 자신도 이것을 증명해 놓고 믿어지지 않았는지 그의 친구 리하르트 데데킨트에게 보낸 편지에서 '나는 보았어도 나는 믿지 않는다'라고 말했다고 한다.

지금 뫼비우스가 이야기한 것들은 아무나 쉽게 접할 수 있는 내용들이 아니다. 아무나 쉽게 말할 수 있는 내용들도 아니다. 대부분의 사람들은 이런 이야기를 꺼내면 정말로 고개를 절레절레 흔들 정도로 어려운 내용들이다. 그런데 이런 이야기를 너무나 쉽게 일상적인 이야기를 하듯이 하다니.

> 근데 궁금한 게 있어요, 뫼비우스님.
> 뭐가 궁금하신가요?
> 도대체 하시는 일이 뭔가요?
> 왜요?
> 아니, 지금 우리가 나눈 이야기들은 수리논리학을 하는 사람들 외에는 잘 알지 못하는 이야기들인데…… 그것도 그렇고, 지난 번 이야기들도 그렇고. 범상치 않으신 분 같아서요.
> 그렇게 말씀하시는 제논님이 더 범상치 않으시네요. 그걸 다 알고 계시니.
> 저는 어려서부터 삼촌에게서 그와 관련해서 조금 배웠거든요. 전에도 말씀드렸지만 제 삼촌은 아주 촉망받는 철학교수이십니다. 삼촌에게서 귀에 못이 박히도록 들은 이야기입니다. 그렇지만 뫼비우스님은? 혹 우리가 서로 아는 사이인가요?

사실 뫼비우스가 삼촌이 아닐까 하는 생각이 들어서 던진 질문이다. 그러나 그의 대답은 단호했다.

> 그럴 리가요. 그리고 저는 그저 이런저런 말하기 좋아하는 평범한 사람일 뿐이랍니다.

> 평범하게는 안 보이시고요. 좀 더 자신에 대한 이야기를 해 주실
   수 없나요.
> 음…… 글쎄요…….

또 발뺌이다. 이쯤에서 그는 또 사라질 것이다.

> 이런 시간이 또 이렇게 됐나?
> 왜요? 가시게요? 고민을 말해 주셔야죠?
> 그렇긴 한데…… 제가 일이 있어서…….
> 이 시간에요?
> 죄송해요. 다음에 다시 이야기해요. 그럼 이만.

아니나 다를까. 그는 또 그렇게 가 버렸다.

내 마음이 조금은 편해진 탓인가? 그를 그냥 받아들이기로 했다. 그와 비교하거나 알량한 자존심을 지키려는 마음, 정확히는 자만심을 유지하려는 마음이겠지만, 그런 마음은 버리기로 했다.

밤이 훨씬 지나 어느새 새벽이고, 내 방에 나만 남았다. 오늘도.

그에 대한 기다림은 내 게으른 생활에 변화를 가져왔다. 우선 삼촌네 학교 도서관을 찾는 일이 잦아졌고, 삼촌 연구실로 규칙적인 출퇴근을 하게 되었으며, 그 덕분에 조교 형의 개인교습도 충실히 받게 되었고, 산책하며 사색을 즐기는 일이 많아졌다.

사실 나는 지루한 건 못 참는 성미다. 그래서 얼마 되지 않는 친구들과 내 지루한 일상을 달래기 위해 이런저런 게임을 종종 즐겼는데, 놀 거리가 있을 때에는 삼촌 연구실 청소나 우편물 관리도 자주 빼먹

곤 했었다. 당연히 조교 형의 개인교습도 빼먹고, 도서관을 찾는 일도 그리 많지 않았었다. 게다가 퍼즐 배틀이니 뭐니 해서 친구들이나 모임 회원들하고 왁자지껄하게 놀기라도 하는 날 다음 날이면 학교에도 지각하기 마련이었다. 가끔 아프다는 핑계로 수업도 빼먹었다. 부끄럽게도 말이다.

그런데 그와 만나고 나서부터 수업이라든가 삼촌 연구실 청소나 우편물 관리라든가 퍼즐이라든가 대입 준비라든가 내 일상을 점하고 있던 이런 일들도 조금씩 다른 모습으로 내게 다가왔다. 전에는 의무적으로, 누군가에게 보이기 위한, 아니면 무언가 다른 것을 얻기 위해 해야만 하는 일들이었다면, 지금은 즐거움을 주는 유희거리라고나 할까.

그를 다시 만난 건 한참 후였다.

한참 학교에서 축제가 열리던 완연한 봄날. 엄밀히 하자면 계절이 한껏 무르익은 봄을 넘어 여름의 문턱을 살짝 넘던 날. 온통 밝은 젊음으로 채색된 열정의 계절에 나는 친구들의 행사 초대를 뒤로한 채 교실 구석에서 대입준비의 답답함을 잠시 뒤로한 채 노트북을 열고 퍼즐 풀이에 몰두하고 있었다. 잠시 피곤한 눈을 노트북에서 거두며 창밖을 바라보고 있을 즈음, "띠리링!" 메신저에 그가 들어왔다.

> 제논님.

> 네, 뫼비우스님. 안녕하세요. 정말 오랜만이네요?

> 네. 그간 별고 없으셨죠?

> 별고 많았답니다. 하하하.

> 웃으시는 걸 보니 좋은 쪽이죠?

> 그렇다고 봐야죠. 많이 바쁘셨나 봐요?

> 네. 그래서 한동안 못 뵈었네요.

그간 무슨 일을 했는지 알고 싶은 요량으로 이런저런 것들을 물었
지만 그는 그에 대해 별다른 언급을 하기를 저어했다. 그래도 그로부
터 진한 그리움이 묻어났다. 가슴에서 느껴지는.

> 뫼비우스님, 지난번 마지막으로 나누었던 이야기들을 생각해 봤
  죠. 제 생각에 어림짐작이지만 뫼비우스님의 고민을 짐작할 수
  있을 거 같았어요.
> 그래요?
> 틀에 박힌 생각들, 그것이 상식이라는 이름으로 이야기될 때 사
  람들이 당연하다고 받아들이죠. 그런데 무한 집합의 크기 비교
  나 무한 호텔 이야기에서 보듯, 그러한 상식은 어떤 논리적 기준
  위에서 깨지고 말죠. 아마도 뫼비우스님은 그러한 틀에 박힌 생
  각들이 위험하다고 보는 듯싶어요. 그리고 이건 지나친 추측일
  수도 있다고 생각되는데, 그 틀에 박힌 생각들을 깨는 논리라는
  것도 사실 문제가 있을 수 있다고 뫼비우스님은 보고 있는 거
  아닙니까?
> 대단하십니다. 그래요. 근데 제가 고민도 이야기하지 않았는데
  어떻게 그런 추론을 하셨죠?
> 뫼비우스님과 그간 나눈 이야기들을 곰곰이 정리하다 보니까 그
  런 생각이 들더라고요.
> 정말 대단하십니다. 정말로요.
> 과찬이십니다. 그나저나 보다 분명하게 이야기를 해 주시죠.

> 그러죠. 틀에 박힌 정형화된 상황 속에서는 고정 불변의 답만이 존재하잖아요. 고정 불변의 답만이 존재하기 때문에 다르게 보는 것이 허용되지 않고요. 그런 까닭에 고정 불변의 정답을 맞혀야만 살아남을 수 있는 사회에서 생존하기란 무지 어렵더군요.

> 답답하기도 하죠. 그런 사회에서 살면······.

> 게다가 그 정답이라는 것이 논리라는 것으로 무장해서 사람들에게 다가설 때 우리는 아무 저항도 못 해 본 채 쉽게 무너지지 않습니까? 거기서 제 고민이 생겼죠. 정말 고정 불변의 정답이 존재하는 것일까?

> 그래서요? 해법은 찾았습니까?

> 글쎄요. 찾는 과정이라고 해야 옳겠죠.

> 음······. 어떻게요?

> 데카르트식의 방법이죠. '아무것도 확증된 것이 없다면 의심의 여지가 항상 남아 있다, 그렇기 때문에 그 확증을 판정하는 기준조차도 일단 의심해야 한다.'

> 데카르트라······. 절묘한 선택이네요. 그렇죠. 의심은 다르게 생각하는 것을 말하죠.

> 네. 제논님의 말씀대로 의심은 다르게 생각하는 것을 말하고, 다르게 생각할 수 있어야 보다 풍요롭고 여유로운 삶을 즐길 수 있지 않을까······ 그런 생각이 들었죠.

> 그래서 어떤 이는 성경을 빗대어, 의심이 우리를 자유롭게 하리라고 말하기도 하죠.

그의 이야기가 내 가슴에 다가오기 시작했다. 단순히 머리로 이해되는 것이 아니라 가슴으로 느껴지기 시작했다는 말이다.

> 제논님, 이성과 그 이성의 총아인 논리로 무장된 근대성의 영역 속에서 세상을 보는 고정화된 시각은 때로는 지나치게 견고해서 제대로 상황을 보지 못할 수도 있지 않겠어요?

> 그래도 이성 혹은 뫼비우스님의 말씀대로 그 이성의 총아인 논리가 없다면 더 혼란스럽게 되지 않을까요?

> 그런 우려의 목소리도 있을 수 있겠죠. 이성이나 논리란 매우 견고하니까요. 하지만 그 견고함을 벗어나 조금 비껴서 보면 우리 시각은 다른 세계가 있음을 볼 수 있을 것 같아요. 칼 마르크스도 말하지 않던가요? 단단해 보이는 것도 결국 모두 녹아 없어질 수 있다고.

> 그 말은 자본주의의 붕괴와 관련된 말 아닌가요?

> 네, 그래요. 그냥 비유해 본 겁니다. 단단해 보이는 자본주의도 언젠가 붕괴되리라는 그의 주장처럼 이성이나 논리도 녹아 없어질 수 있지 않느냐는 것이죠.

> 그런데 자본주의가 붕괴되지 않았듯이 이성이나 논리도 붕괴될 것 같지 않은데…….

> 그렇겠죠. 단지 제가 말하는 건 이성이나 논리가 생각처럼 그렇게 아주 확실한 기초가 아닐 수도 있다는 것입니다.

> 음…… 이성이나 논리의 근거가 무너질 수 있다?

> 물론 단단한 것이 저절로 녹아 없어지지는 않겠죠. 예를 들어 단단한 바위를 생각해 보죠. 결코 부서질 것 같지 않은 그런 단단한 바위를. 어느 날 바람에 실려 날아가던 씨앗이 그 바위의 작

은 틈새에 쌓여 있는 먼지 속에 내려앉습니다. 그 씨앗은 빗물의 도움으로 바위 틈새에서 자라면서 자기만의 공간을 만들기 위해 산을 내뿜습니다. 그 산은 바위를 녹이기 시작합니다. 오랜 시간이 지나면 바위는 쪼개지고, 가루가 됩니다. 그렇게 더 시간이 지나면 바위는 흔적 없이 사라집니다. 우공이산(愚公移山)이라고 하지 않습니까? 황당한 이야기처럼 들릴 수도 있겠지만, 우공이 산을 움직일 수 있다고 생각했듯이 바위 틈새의 작은 씨앗이 바위를 쪼개고 바위를 양분으로 자랄 수 있다는, 그런 다른 생각이 필요하다는 것입니다.

> 그렇다면 뫼비우스님은 우리를 길들였던 구조 너머에 또 다른 세계가 있다고 보십니까?

> 잘 지적해 주셨어요. 바로 요점을 찍고 들어오시는군요. 제 대답은 '그렇다'는 것이죠. 따라서 그 세계가 어떤 세계인지 관심을 가질 필요가 있다는 것입니다. 왜냐하면 우리가 살고 있는 세계만이 전부일 수는 없기 때문입니다.

> 그렇다면 의심을 바탕으로 해서 다르게 생각하는 것이 허용되어야 하겠네요? 뫼비우스님의 말대로라면?

> 네. 그렇습니다. 아무것도 확정적이지 않은 상황에서 그 상황을 의심하고 다르게 생각하는 가능성을 열어 두는 것이 당연한 거 아닌가요? 그렇게 해서 이제껏 우리를 길들였던 구조 너머에 있는 세계와 대면할 때 느끼는 당혹스러움, 불안감, 두려움에서 벗어날 때라고 생각합니다.

> 어려운 이야기군요. 그리고 깊은 이야기고.

> 저는 때로 의심은 아름다운 것이라 생각합니다. 그 의심 때문에

우리가 존재하는 것은 아닐까요? 그러나 우리는 상식이나 사실을 대면하면서 의심 없이 너무 당연시하는 것은 아닌지. 그것이 함정일 수도 있고 그것이 사실이 아닐 수도 있는데 우리는 너무 쉽게 받아들이는 것은 아닌지.

> 하하하. 그럼 결론은 이렇겠네요. 의심을 하자. 다르게 보도록 하자. 다르게 보면 다르게 보인다.

> 하하하. 탁월한 혜안이십니다.

> 동의하긴 어렵지만, 이해는 가네요.

> 제논님, 제가 재미있는 이야기 하나 해 드릴까요?

> 무슨 이야기인데요?

> 다르게 보면 보이는 재미있는 이야기.

> 네, 좋아요.

> 한 친구가 다른 친구에게 눈먼 사슴을 영어로 무엇이라고 하는지 물었습니다. 다른 친구는 너무도 당연한 것을 묻는다는 듯이 '블라인드 디어(blind deer)'라고 대답합니다. 한 친구는 웃음을 머금으면서 아니라고 대답합니다. 그러면서 또 다른 친구에게 물었습니다. 또 다른 친구는 '블라인드 디어'가 답이 아니라면 '모르겠다'고 대답합니다. 문제를 냈던 한 친구는 다른 친구를 보며 다시 '유 해브 노 아이디어(You have no idea)?'라고 묻습니다. 그 친구는 '노 아이디어(No idea)'라고 대답합니다. 그러자 문제를 냈던 친구가 말하죠. '맞았어. 바로 그거야. 노 아이디어(No eye deer)'라고 말이죠.

> 하하하.

> 이 이야기는 한때 인구에 회자되던 우스갯소리죠. 제논님은 이

이야기를 듣고 바로 웃으시니 사고가 굉장히 유연하시군요.

> 칭찬이죠?

> 그럼요. 고정된 관념이나 고정된 사고방식에 길들여져 있는 사
  람들은 이 우스갯소리를 듣고도 배꼽을 잡고 웃지 못한답니다.

그렇다. 그간 너무 경직되어 있었던 것은 아닐까. 틀 속에서, 그게
다인 줄 알고. 바로 내 모습이다. 우물 안 개구리인 줄 모르고 날뛰던
바로 내 모습이다. 아마도 그는 그걸 꼬집고자 한 것 같다. 게다가 이
건 하나의 과제다. 그러나 너무 큰 과제다. 감당하기 어려운.

그럼에도 그와 그것을 감당하고 싶다는 욕심이 나는 건 왜일까.

> 너무 많은 이야기를 했더니 피곤하네요.

> 저도요. 너무 많은 문젯거리를 던져 주셔서 더욱 피곤하네요.

> 그랬나요? 저는 제논님 덕분에 보다 구체적으로 제 생각이 정리
  가 되었는데. 게다가 제논님이 불분명했던 제 고민을 명료하게
  정리해 주셔서 더욱 좋았죠. 고마워요.

> 아니랍니다. 오히려 제가 고맙죠.

> 이제 가 봐야겠어요. 좀 쉬어야죠. 더 있고 싶지만, 몹시 피곤하
  네요.

> 그러세요. 나중에 봐요.

그가 갔다. 나는 슬슬 길들여지고 있었다. 그에게, 그의 사고방식
에, 그와 함께하는 상황들에.

그가 해 준 우스갯소리를 떠올린다. 노트북을 끄고, 어느새 와 있는 여자 친구에게 그 우스갯소리를 한다. 여자 친구가 웃는다. 멋진 여자다.

여러분은 어떤가? 웃음이 나오는가?

PART 2
언어로 그리는 그림

태초에 말씀이 있었다. 그 말씀 뒤에 공간이 생기고, 시간이 생기고, 세계가 생기고, 빛이 생기고, 사물들이 생기고, 바야흐로 인간이 생겼다. 그 인간은 말씀을 좇아 언어를 사용했으며, 언어를 사용하면서 모든 것을 그리기 시작했다.

그에 대해 갖고 있었던 상대적 빈곤감을 인정하면서부터 나는 자괴감을 조금씩 떨쳐 버릴 수 있었다. 인정할 수밖에 없는 것들은 인정을 하는 게 지혜로운 일이다.

학교 축제가 끝난 후 어느 날, 나는 그를 만났다.

> 뫼비우스님은 자신을 드러내길 꺼리는군요.
> 별로 드러낼 게 없거든요.
> 사실, 저는 고등학교 3학년이에요.
> 오호, 진짜요? 저는 제논님이 훨씬 더 나이가 들었을 거라고 생각했죠. 정말 훌륭하군요.
> 훌륭하긴요. 제가 한동안 오만한 생각을 좀 했었죠. 나만 잘났다는, 뭐 그런 생각 있잖아요.
> 오만? 잘 모르겠던데. 별로 표현하지 않으셔서. 게다가 주로 제가 이야기하는 쪽이어서.

> 제 스스로 느꼈던 문제였어요.
> 네.
> 근데 뫼비우스님 덕분에 많은 걸 배우고 있어요.
> 배우다니요. 별말씀을……

그는 무감정하다. 그에게 솔직해지고 싶었는데. 그는 여전히 관심 밖인 듯하다. 그도 나처럼 자기를 드러내 주길 바랐는데, 그는 나와 같지 않다.

> 아니에요. 정말 많은 걸 배우고 있어요. 그래서 하는 이야기인 데…….
> ???
> 뫼비우스님에게 더 많이 배우고 싶어서요.
> 배우다뇨. 그런 거 말고 그냥 예전처럼 재미있는 이야기해 요…… 우리…….

겸손인가? 아니면?
그는 일상적인 대화에 들어가서는 말이 짧다. 언제나. 그리고 별로 흥미를 두려고 하지도 않는다. 도통.

> 그래요. 예전처럼. 그렇게 이야기해요.
> 고마워요, 제논님. 저는 제논님 덕분에 요즘 살맛이 나요. 제논 님과 이야기하는 시간이 무지 기다려져요.
> 저도 마찬가지입니다.

> 오늘은 무슨 이야기를 할까요?

> 글쎄요······. 언제나 뫼비우스님이 화제를 던져서······.

> 그랬나요? 오히려 제가 오만했었군요.

> 아닙니다. 이건 어떨까요?

> 뭐요?

> 음. 오늘은 언어에 대한 이야기를 나누어 보는 건 어떨까요?

> 언어라······ 좋아요······.

> 사실 제가 요즘 생각하고 있는 주제 중 하나거든요. 뫼비우스님
  의 고견을 들을 기회가 되겠네요.

> 자꾸 그러면 부끄럽잖아요.

그에게 이런 면이 있었다니. 늘 당당한 모습에, 당혹스러움을 느낄
정도로 건방지다는 생각을 했건만. 이런 겸손과 예의라니.

아, 도대체 그는 누구일까.

> 뫼비우스님, 우리는 언어를 사용하죠. 우리가 사용하는 언어를
  들여다보면 그 언어 속에 우리가 직면하는 세계의 모습이 담겨
  있음을 쉽게 알 수 있어요. 그래서 사람들은 종종 언어가 세계
  를 그리는 도구라고 생각하죠.

> 네. 동의해요.

> 정지용 님의 <향수>, 아시죠?

> 네.

정지용의 <향수>라는 시의 첫 부분이다.

"넓은 벌 동쪽 끝으로
옛 이야기 지즐대는 실개천이 휘돌아 나가고,
얼룩백이 황소가
해설피 금 빛 게으른 울음을 우는 곳

그 곳이 차마 꿈엔들 잊힐리야.

질화로에 재가 식어지면
비인 밭에 밤바람 소리 말을 달리고,
엷은 졸음에 겨운 늙으신 아버지가
짚베개를 돋워 고이시는 곳"

> 뫼비우스님, 이 시에 나타나는 시어들의 흐름을 좇아가면 직접
  보지 않아도 작가가 시를 통해 의도했던 어떤 영상이 머릿속에
  떠오르는 것을 알 수 있잖아요. 어떻게 이런 일이 가능할까요?
  생각해 보면 바로 언어 때문이라는 것을 알 수 있죠.
> 그렇죠. 동의합니다.
> 제가 궁금한 건, 우리에게는 언어가 있고 우리 밖에는 우리가 대
  면하는 세계가 있지 않습니까? 늘 우리는 오감을 통해 세계와
  만나고 만난 결과를 언어를 통해 드러냅니다. 그러나 도대체 언
  어가 무엇이기에 우리는 언어를 통해 세계를 드러낼까요 혹은
  드러낼 수 있을까요?
> 글쎄요 제논님. 어려운 문제네요 제 생각엔, 언어는 의사소통을
  위해 만들어진 약속 체계지요 그래서 언어가 없다면 내 생각이 무

엇인지를 전달하거나 다른 사람의 생각을 전달받기 힘들어지죠.

> 그렇죠.

> 물론 의사소통이 반드시 우리가 사용하는 언어를 통해서만 가능한지의 여부는 대단히 어려운 문제겠죠. 인간만 하더라도 몸짓만으로도 웬만한 의사소통이 가능하잖아요. 또 어떤 이는 텔레파시로 알려진 정신 감응 방식으로 의사소통을 할 수 있다고도 하더군요.

> 저도 그런 이야기를 많이 들었는데 정말로 그게 가능할까요, 뫼비우스님?

> 그건 잘 모르겠어요. 워낙 논란이 많은 부분이라.

> 네.

> 그리고 꿀벌들은 먹이 있는 곳을 알리는 춤 같은 표현 방식으로 의사소통을 하고, 개미들은 페로몬이라는 화학 분비물을 통해 의사소통을 하죠. 그러나 몸짓이나 텔레파시, 꿀벌들의 춤이나 화학 분비물 등도 기본적으로는 의사소통을 위한 것이기 때문에 보통 우리가 일반적으로 사용하는 언어와는 방식에 있어서는 차이가 있겠지만 넓은 의미에서 언어라 할 수 있지 않을까요?

> 뫼비우스님, 별다른 이의를 제기하기 힘들군요.

> 문제는, 그렇다면 왜 의사소통이 언어를 통해야만 가능한가 하는 거겠죠? 제논님의 궁금증이 그거 아닌가요?

> 네, 그래요.

> 제논님, 아마도 그 이유는 언어가 생각을 담을 수 있기 때문이 아닐까요?

> 언어가 생각을 담을 수 있기 때문에 그렇다?

> 그래서 사람들은 언어를 생각을 담는 그릇이라고 하잖아요. 게다가 여기에 언어의 사용이 지니는 편리성이나 효용성이 가미되면 언어 사용은 마치 최상의 능력처럼 보이잖아요.

> 하지만 종종 언어로 표현할 수 없는 것들도 많이 있잖아요?

> 제논님, 그 경우는 이렇게 이야기할 수 있겠죠. '언어가 생각을 담는 그릇이라면 언어로 표현할 수 없는 것에 대해서는 생각할 수 없다.'

> 뫼비우스님, 언어로 표현할 수 없는 것의 존재는 언어의 한계가 존재함을 의미한다는 말인가요?

> 네, 그렇겠죠…….

> 그렇다면 언어의 한계는 곧 사고의 한계가 되겠네요?

> 네, 그렇겠죠. 물론 언어의 한계가 있는지 언어의 한계와 사고의 한계가 같은지의 문제는 좀 더 면밀한 연구를 필요로 하겠지만, 다만 확실한 것은 언어 없이는 분명히 생각이 제한될 것이라는 점이죠.

> 뫼비우스님 덕분에 조금씩 생각이 정리되는군요.

> 원래 대화를 통해 많은 것들이 정리되잖아요. 저도 제논님 덕분에 이렇게 이야기하면서 나름으로 생각을 정리 중이에요.

> 뫼비우스님, 좀 더 구체적으로 이야기를 전개시켜 주시죠.

> 그럴까요?

> 이런 예는 어떨까요?

> 어떤 예?

> '의자 위에 고양이 한 마리가 앉아 있었는데, 그 고양이가 나를 보고 으르렁거렸다. 그 고양이 소리 때문에 나는 무서웠다.'

> ???

> 이 상황은 오감을 통해 단편적이고 막연한 경험들로 우리에게
전달되며, 이렇게 전달된 경험으로부터 우리는 어떤 종류의 이
미지를 갖게 됩니다. 그러나 이 이미지들을 어떻게 분류할 것이
며 체계화할 것인가 하는 문제가 남아 있겠죠?

> 그렇겠죠? 단편적이고 막연한 정보들을 어떻게 유용하고 의미
있는 정보들로 분류해서 상황을 정확하게 드러내게끔 할 수 있
는가 하는 것은 매우 어려운 문제잖아요.

> 제논님, 제 생각엔, 분류하거나 체계화하기 위해서는 같은 것과
다른 것을 구분하고 서로 관련성 있는 것끼리 묶을 수 있어야
하는데 언어가 없이는 이런 일을 할 수가 없다고 봅니다. 따라
서 언어가 생각을 담는 그릇이라는 것은 바로 이러한 일들을 가
능하게 하기 때문이 아닐까요?

> 많은 학자들의 이야기가 아주 명료하게 정리되는군요. 언제 들
어도 명료하세요. 꼭 제 삼촌처럼 말하세요.

정말 그랬다. 어투나 화법을 보면, 그리고 여러 가지 정황들을 미
루어 보면, 그는 분명 삼촌이다. 하지만 삼촌이 왜?

어쩌면 그가 내 삼촌이기를 바라기 때문에 그런 생각을 했는지도
모른다.

여하튼 나는 지나가는 말로 물었다.

> 혹시 삼촌 아니에요? 전부터 그런 생각을 했는데…… 삼촌 맞죠?

> 하하하.

> 왜 웃으시죠? 진지하게 말씀드리는 건데 어투나 용어들을 보면 꼭 제 삼촌 같아요.

> 영광이군요. 그런데 아니라서 어쩌죠? 이야기가 다시 옆으로 새는군요.

정말 철저하다, 그는. 틈을 주지 않는다.

> 알겠습니다, 뫼비우스님. 여하튼 그래서요?

> 좀 더 구체적으로 살펴보도록 하죠. 우리는 몸짓만으로는 이 상황을 전달하기 어렵다는 것을 잘 압니다. '의자', '고양이'를 설명하기도 쉽지 않거니와 '하나'라는 표현을 '하나'와는 다른 수적 표현, 예를 들어 '둘'이나 '셋' 등과 구분하여 나타내기도 쉽지 않습니다.

> '나의 무서움' 등의 표현은 더욱 쉽지 않겠죠? 그나마 '으르렁거림'이나 '나'라는 표현은 비교적 쉬운 경우일 겁니다. '으르렁거림'은 으르렁거리는 모양을 흉내 냄으로써, '나'에 대해서는 나를 직접 가리킴으로써 표현할 수 있으니까요.

> 네. 그러나 이 경우도 단순히 '으르렁거림'이 실제로 상대에게 '호랑이'가 아니라 '고양이'를 떠올리게 할지 확신할 수 없고, '나'의 경우에서도 이 '나'가 '나'를 가리키고 있는지 아니면 '나'를 둘러싼 여러 가능한 해석 상황들을 가리키는지 확정적으로 확인할 수 없지요. 이로부터 우리는 언어 없이는 생각의 전달이 쉽지 않다는 결론을 내릴 수 있을 거 같아요.

> 명쾌한 도출이네요. 뫼비우스님.

> 감사합니다.

> 뫼비우스님, 그렇다면 우리는 무엇을 생각하며, 무엇을 전달하나요?

> 제논님, 제 생각엔, 아마도 세계에 대한 정보가 아닐까요? 우리는 사물의 본질과 현상의 구조 및 인간의 존재 방식에 대해서 관심을 갖고 있잖아요. 그 관심의 결과 세계에 대해 많은 정보를 얻죠. 이러한 관심을 효과적으로 해명하기 위해서는 세계와 나 자신에 대한 깊은 통찰력을 지니고 있어야 하고, 그것을 체계화할 수 있는 사고 능력이 있어야 하겠죠.

뫼비우스의 설명은 너무나 투명하다. 사실 아무리 치밀한 사고와 정교한 이론이라도 그것을 언어라는 그릇에 담지 않고서는 하나의 사상 체계를 형성할 수 없고, 그것을 다른 사람에게 표현할 수도 없다. 이렇게 보면 '저 밖'의 세계는 인간의 사유 작용을 거친 다음 언어의 형식에 담겨야 비로소 모습을 드러낼 수 있게 된다. 따라서 언어가 사유를 규정하고 존재를 드러내는 데 결정적인 역할을 한다는 것을 받아들인다면 언어에 대해 탐구하는 일련의 작업은 매우 중요한 의미를 지닌다.

삼촌에게서 듣고, 책에서도 읽은 내용들이지만, 이렇게 자기 것으로 소화해서 쉽게 설명하기란 쉽지 않은 일이다. 그런데 뫼비우스에게서 나오는 이야기들은 너무나 잘 정제된 것들이다. 그리고 너무나 분명한 어조다. 선택하는 어휘하며, 분석하는 능력하며, 그로부터 끌어내는 주장들이 예사 사람은 아니다. 내가 이 분야에 정통하다고 알고 있는 그 누구보다 훨씬 넘어서 있는 능력이다.

> 서양에서 언어에 대한 탐구는 오래전부터 있어 왔죠. 제논님은 삼촌으로부터 배웠을 테니까 잘 아실 겁니다.

> 저야 그렇다고 하고, 뫼비우스님은 어떻게 그렇게 잘 아시죠?

> 관심이 있으니까요. 연구를 좀 했죠.

> 그렇군요. 그렇다면 헤라클레이토스는?

> 문답식 확인인가요? 시험을 보는 학생 같군요.

> 아니에요. 그냥 습관적으로 저도 모르게……

> 괜찮아요. 헤라클레이토스는 참된 언어는 세계 그 자체를 드러낸다고 생각했죠. 자, 그러면 소크라테스는? 이번엔 제논님 차례입니다.

> 이런, 바로 반격이시군요. 소크라테스는 우리가 흔히 쓰고 있는 '정의', '경건', '지식', '진리' 등의 개념을 명확하고 철저하게 규정할 것을 강조하였죠. 그렇다면 데카르트는?

> 일상 언어에 쉽게 현혹될 수 있음을 지적하면서 사유의 명료화를 중시했잖아요. 그렇다면 고트프리트 라이프니츠는?

> '나는 언어가 인간 심성의 가장 좋은 거울이라는 것 그리고 어휘의 의미에 대한 정확한 분석이 그 어느 것보다도 훨씬 더 오성의 작용을 잘 드러내 줄 것임을 진정으로 믿는다'고 말하고 있죠.

> 역시 훌륭하군요. 제논님.

> 뫼비우스님이 저보다 더 잘 알고 계시네요.

> 그럴 리가요. 그냥 단편적으로 읊조린 거뿐인데요, 뭘……

뫼비우스는 이 분야에 대해서도 꿰고 있다. 공자가 그랬다던가. 많이 알아서가 아니라 하나로 꿰고 있기 때문에 보이는 것이라고. 단순한 지적 호기심 이상의 그 무언가가 있다. 정확한 통찰이라는.

뫼비우스의 말을 잇자면, 그리고 내가 살을 좀 더 붙인다면, 언어에 대한 이러한 관심은 영국 경험론 전통에서 더욱 강하게 나타난다. 우선 프란시스 베이컨은 그의 우상론에서 4개의 우상 중 시장의 우상을 인간 상호간의 교제와 연합에 의해 형성되는 편견이라고 규정하면서 이것이 우리가 언어를 잘못 사용함으로써 생기는 현상이라고 지적했다. 결국 인간은 언어로 소통하지만, 언어란 인간의 두뇌에서 만들어졌으므로 나쁜 말이나 부적당한 말은 정신에 대해 놀랄 만한 장애를 일으키게 된다는 것이다. 토마스 홉즈도 '언어가 없다면 참도 없고 거짓도 없다. 따라서 참·거짓은 언어만의 속성이다'라고 ≪리바이어던≫에서 강조한다. 그러나 이들의 주장은 언어의 중요성을 인식하고 그 활용에 관심을 쏟아야 한다고 지적하는 정도에만 머문다.

> 뫼비우스님, 그런데 문제는 언어와 존재하는 세계가 본질적으로 다를 수 있다는 거 아닐까요?
> 제논님, 그렇기 때문에 어떻게 언어가 세계와 연결되어 그 세계를 표현하고 표상하는지를 해명하는 것이 어려운 과제로 남는 게 아니겠어요? 그리고 그 과제는 제논님과 같은 명민한 두뇌를 갖고 있는 사람들이 풀어야 할 것들이고요.
> 명민하다니요. 그리고 과제를 제게 떠넘기시는 건가요? 저보다는 뫼비우스님이 더 어울릴 것 같은데…….
> 그건 분명히 제논님의 몫이랍니다. 제논님은 뿌리 깊은 나무, 저는 지나가는 바람이고요.

나는 나무고, 자기는 바람이라. 무슨 의도로 한 말일까? 내가 지나치게 과민한 걸까? 언제부턴가 그가 사용하는 말 한마디 한마디에 예민하게 반응하는 내 모습을 본다.

> 어, 또 시간이 이렇게 되었네.

> 왜요? 가시게요?

> 네.

> 꼭 신데렐라에 나오는 마법 같네요. 시간을 지켜야만 하는……
  뭐 그런…….

> 죄송해요.

> 아니에요. 그래도 이야기는 마무리하고 가셔야죠?

> 네, 그럴게요. 이해해 주시니까.

> 당연하죠.

> 제논님, 제 생각엔, 물리적인 측면에서만 볼 때 언어는 한갓 소
  리 혹은 기호의 연속에 불과합니다. 이들 한갓 소리나 기호들은
  그것이 일정한 의미를 가지고 이해되고 전달될 수 있을 때 비로
  소 언어의 구실을 할 수 있는 것 같아요.

> 뫼비우스님, 그러나 이들 소리와 기호들은 어떻게 의미를 갖게
  될까요? 그리고 이들 언어적 표현들에 의미를 부여하는 것은 무
  엇일까요?

> 그건 다음으로 미루죠.

> 하하하. 그래요. 그럼 다음에…….

> 네. 그럼 이만…….

그는 갔다. 다시 나만 남았다. 그러나 허망하지 않다. 뭔가 가득 찬 느낌이다.

그는 누굴까. 남자일까, 여자일까. 어투로 봐서는 삼촌 같은데. 삼촌의 여성스러운 어투는 누구하고도 비교가 안 될 정도로 그만의 독특함이 있다. 그런 느낌이었는데.

삼촌이 아니라면 여자일 듯싶기도 하고, 대화하는 방식으로 봐서는 남자 같고.

아무럼 어떠랴. 물어봐야 소용도 없을 텐데.

그래도 혼자 남을 때, 그에 대해 추측하는 건 꽤나 흥미로운 일이다.

어느덧 1학기가 끝나가고 있었다. 그동안 모의고사를 치르고, 기말고사를 준비하느라 정신이 없었다. 그래도 조금만 있으면 방학이다.

누가 그랬지? 학교에 있으면 시간이 유난히 빨리 간다고. 이유를 물은즉, 직장에 다니는 사람들은 하루하루 별로 다를 것 없이 벌어지는 일들 속에서 시간이 흐른다는 것을 느끼기 어렵단다. 그런데 학교에 오면 개강, 축제, 중간고사, 기말고사 등등 시간이 흐른다는 것을 알게 해 주는 지표들이 있어서 '어, 벌써 그렇게 됐네!' 하고 느끼게 된단다. 일리가 있는 이야기다.

삼촌에게서 전화가 왔다. 물론 퍼즐 풀이가 잘되고 있는지, 연구실 청소랑 우편물 관리가 잘되고 있는지를 묻기 위해서다. 그리고 대입 준비도 잘하고 있는지 빼지 않고 물으셨다. 조교 형 덕분에 대입 준비에 많은 도움을 받고 있다고, 그리고 퍼즐을 풀기 위한 주요 요소들에 대해서 이해도를 높이고 있다고 대답했다. 연구실 청소랑 우편물 관리도 잘하고 있다고 말씀드렸다.

삼촌은 퍼즐 풀이를 언제쯤 끝낼 수 있겠냐고 물었다. 난 서두를 일이 아니라고 대답했다. 삼촌은 어서 풀고 나서 스마트폰을 갖고 싶지 않느냐고 물었다. 난 스마트폰이 중요한 게 아닌 것 같다고 대답했다. 삼촌은 웃으시면서 좋은 결과를 기대한다는 말씀을 남기시고 전화를 끊었다.

머리에서는 어서 퍼즐을 풀고 스마트폰을 갖고 싶다는 열망이 지배적이었지만 가슴에서는 무언가 다른 중요한 것이 있는 듯한 느낌이었다. 그 느낌을 이야기하고 싶은 이상한 강박증이 생겼다. 그러나 말을 할 수가 없었다. 적어도 아직은. 그래서 머리와 가슴의 관계는 상대적이라고 했던가?

목요일 오후, 학교 행사 때문에 수업이 없는 날. 소요학파처럼 여자 친구하고 삼촌네 학교를 산책하며 이런저런 이야기를 나누다 삼촌 연구실에 들어왔다. 소포가 하나 배달되어 왔다. 삼촌이 몸담고 있는 학교 주소와 연구실 호수, 그리고 '제논님에게' 라고 글씨가 또박또박 쓰여 있다. 위쪽에는 일산 우체국 소인이 찍혀 있다.

누굴까?

뒷면에는 '뫼비우스'라는 글씨만이 달랑 놓여 있다.

반가운 마음과 궁금함 그리고 예의 그의 치밀함에 대한 놀라움.

삼촌 연구실로 해서 내게 온 소포라면 그는 분명 삼촌이다. 그런데 삼촌은 지금 미국에 있고, 우체국 소인은 일산이다. 그렇다면 삼촌이 아니란 이야기인데. 아니지 삼촌이 일산에 사는 누군가를 시켜 보냈을 수도. 여하튼 수수께끼다.

소포를 열어 보았다. 책이다. ≪노자도덕경≫. 왜, 이 책을?

그리고 그는 내 주소를 어떻게 알았을까?

이런저런 궁금증을 갖고서 책을 열었더니, 그가 읽은 흔적이 있다.

여기저기 책을 살피는데, 메신저에 그가 들어왔다.

> 책 잘 받았어요, 뫼비우스님.
> 도착했나요? 그 책 제논님도 가지고 계시겠지만, 제 손때가 묻은
  저의 소중한 책을 드리고 싶었어요.
> 고마워요. 혹시나 했는데, 우체국 소인 이외에는 아무런 정보도
  없더군요. 저도 뭔가 선물을 하고 싶은데.
> 그러실 필요 없어요. 그냥 마음만으로 족해요.
> 그럼 너무 불공평하잖아요.
> 인생이 원래 불공평하잖아요.
> 그런데 제 삼촌 주소는 어떻게 아셨지요? 그리고 제가 삼촌 연
  구실에 있는지는 어떻게 아셨지요?
> 다 아는 수가 있답니다.

여기까지다. 더 이상 그는 드러내질 않는다. 이 역시 의도된 것일
까? 내가 자기를 추적해 보라는 암시인가? 아니면 그것도 모르냐는
뜻인가? 아니면 추적해도 알 수 없으니 단념하라는 뜻인가? 아니면?
그는 지체 없이 지난번 나누던 이야기를 이어갔다.

> 제논님, 지난번 이야기를 계속하죠.
> 네, 그러죠.
> 제 생각엔 언어와 세계의 관계에 대한 물음이 관건일 거 같아요.
> 그렇겠죠. 그에 대한 하나의 대답은 언어적 표현들은 그것들이
  표현하는 혹은 가리키는 것에 의하여 의미를 갖게 된다는 것입

니다. 언어철학에서 오래전부터 다루어 왔던 이론이죠. 지시론
이라고 하는.

> 네, 그래요.

역시 그는 철학 이론들을 꿰고 있다. 정상적이라면 '아, 그런가요?'
라고 반응을 보였을 텐데 이미 알고 있다는 반응이다.

> 제논님, 님이 말씀하신 대로 언어와 세계에 대한 한 대답인 지시
론은 어린아이들의 언어 습득 상황을 보면 설득력이 있음을 쉽
게 알 수 있죠.

> 네. 부모들은 아이들에게 언어를 처음 가르칠 때 단어에 대한 반
복된 발음과 그 단어에 해당하는 대상들을 지속적으로 가리키
면서 단어와 대상 사이의 짝짓기를 행하죠. 그럼으로써 어린아
이들은 기초적인 것부터 언어를 배우게 되죠.

> 이것은 언어를 구성하고 있는 언어적 표현들이 그것들이 표현하
거나 가리키고 있는 대상들과 1:1 대응 관계를 형성함으로써
의미 있는 것들이 되고, 우리는 그것을 이해하고 또 그것을 통해
서 의사소통을 할 수 있음을 함축적으로 보여 줍니다. 이것을 보
통 지시론 혹은 지시론적 의미론이라고 하죠. 제 말이 맞죠?

> 여부가 있겠습니까. 놀라워요, 뫼비우스님. 언제나처럼.

> 제논님, 그런데 여기서 한 가지 의문이 생기더군요. 언어적 표현
들과 세계 속의 대상들을 관계 짓는 이러한 과정이 자연스러운
것인가요 아니면 약속에 의한 것인가요?

그의 질문에는 적지 않은 노림수가 깔려 있다. 나는 그가 몰라서 질문을 한 것이라 생각하지 않는다. 뭔가 의도하는 것이 있어서 던진 질문으로 보인다. 적어도 그가 지금껏 이야기하는 패턴을 봐서는 그렇다. 그래서 나는 그의 다음 이야기가 늘 기대되는 것이다.

> 뫼비우스님, 제 생각엔, 언어적 표현과 대상들 간의 관계가 자연적인 것이라는 해석은 '멍멍이'나 '딱따구리'에서처럼 혹은 '川'이나 '山'에서처럼 단어의 소리나 기호의 형태와 그 의미 사이의 자연적 관련성 내지는 유사성이 있다는 사실에 근거하고 있는 거 같아요. 그러나 우리 언어에서 의성어나 의태어는 소수에 불과하며 상형 문자의 경우에도 그 문자의 형태로부터 그것이 의미하는 대상을 알아낼 수 없는 경우가 대부분이죠. 게다가 '배'나 '사과' 등의 동음이의어인 경우에는 설명할 길이 더욱 막막해지는데다가 자연적 해석이 옳다면 우리는 배우지 않고서도 외국어를 쉽게 이해할 수 있어야 합니다. 그런 점에서는 자연적이라는 입장에는 문제가 있죠.
> 그렇죠? 그렇다면 약속에 의한 것이라는 입장을 지지하시나요?
> 그렇진 않아요. 언어적 표현들과 대상들과의 관계를 약속으로 보는 것이 남아 있는 한 가지 대안일 텐데. 이것은 언어적 표현들의 의미가 언어 사용자에 의해 개별적이며 자의적으로 결정될 수 없다는 점에서 설득력을 지니긴 하죠. 그러나 어떤 언어적 표현들을 어떤 대상들에 대한 기호로 사용할 것이냐를 결정하는 과정이 단순히 형식적인 약속에 의해서만 이루어진다고 보기에는 그 일이 너무 방대한데다가 어떤 언어적 표현들은 언어 사용자들의

약속과 상관없이 의미를 지니고 있는 경우들도 있기 때문에 이 역시 타당한 입장으로서는 무리가 따른다고 봐요.

약간의 설명이 필요할 텐데, 사실 그렇다. 이처럼 언어적 표현들과 대상들 간의 관계가 자연적인지 약속에 의한 것인지는 많은 논란이 있다. 그러나 중요한 것은 언어는 그 언어 사용자에 의해 동일한 의미를 지닌 것으로 이해되며, 그 이해 속에서 사람들은 언어가 세계와 대응하기 때문에 언어를 통해 세계를 드러낼 수 있다고 생각한다는 점이다. 그리고 언어를 통해 세계를 드러낼 수 있기 때문에 언어에는 세계의 모습이 반영되어 있다고 생각하며, 세계의 모습이 반영되어 있기 때문에 언어를 분석하면 세계를 알 수 있고, 언어의 구조를 분석하면 세계의 구조를 알 수 있다고 생각한다는 점이다. 이러한 생각을 도식적으로 표현하면 다음과 같다.

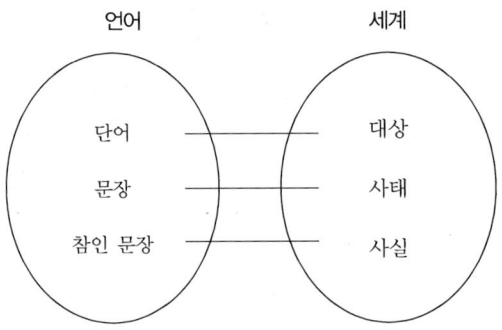

언어와 세계 사이에 성립되는 이러한 대응 관계를 루트비히 비트 겐슈타인은 ≪논리 철학 논고≫에서 그림 이론에 의해 설명한다. 언어는 세계에 대한 그림으로서 문장들로 구성되어 있다. 물론 우리의 일상 언어를 세계에 대한 그림이라고는 말할 수 없다. 우리의 일상 언어는 우리가 입은 옷이 우리 몸의 모양을 어느 정도 가리고 있듯이 언어가 본래 가지고 있는 심층의 논리적 구조를 은폐하고 있다. 우리가 관심을 가져야 할 것은 언어를 구성하는 문장들이 어쩌면 사실적 그림이 아니고 논리적 그림일 수 있다는 것이다.

> 제논님, 잘 아시겠지만, 언어는 형식적 측면에서 볼 때 하나의 기호 체계 아닙니까?
> 그렇죠.
> 기호에는 두 가지 종류가 있죠. 하나는 무엇을 표상하는 기호이고, 다른 하나는 아무것도 표상하지 않는 기호. 예를 들어 그림은 어떤 대상을 표상하는 기호이며, 이 기호의 의미는 누가 우리에게 설명하지 않아도 알 수 있죠. 왜냐하면 그 기호는 그 대상에 대한 그림이기 때문이죠. 그러나 신호등이나 금연을 나타내는 기호 등은 누가 그것에 대해 우리에게 설명하지 않는다면 우리는 그 의미를 알 수 없잖아요. 왜냐하면 그 의미는 명령이나 합의에 의해서 사용자들 간에 자의로 결정되는 것이며, 그 결정 내용을 내가 모르는 한 그 기호의 의미를 알 수 없기 때문이죠.
> 네, 정확한 설명입니다.
> 그런데 우리는 단어들의 의미를 알고 있기 때문에 이 단어들의 결합에 관한 기초적인 규칙만 알고 있으면 누가 우리에게 그 의미를 설명해 주지 않아도 문장들이 의미하는 바를 금방 알 수 있죠. 또 그렇기 때문에 새로운 사태를 묘사하는 새로운 문장들을 얼마든지 만들어 낼 수 있는 상황에서도 우리는 새로운 문장

들의 의미를 그 의미에 대한 설명 없이도 바로 알아들을 수 있습니다.

> 네, 그래요.

> 제논님, 그렇다면 언어가 세계에 대한 논리적 그림이 될 수 있다는 근거는 무엇인가요?

> 뫼비우스님, 제 생각엔, 아마도 그 근거는 언어의 구조와 세계의 구조가 논리적으로 같은 모습의 구조를 갖고 있다는 데 있는 것 같습니다. 비트겐슈타인에 따르면 언어는 참과 거짓을 판별할 수 있는 문장들의 총체입니다. 그런데 그 문장들은 하나 이상의 단어들의 일정한 배열에 의해 구성됩니다. 물론 일상 언어가 그 바탕이 되는 논리적 구조를 은폐하기 때문에 그 배열 방식은 겉으로 드러난 문법, 이른바 표층적 문법에 의거한 배열과는 다를 수도 있습니다. 그러나 단어들의 배열 방식은 그 문장이 가지고 있는 논리적 구조를 드러내죠.

> 정확하네요.

정확하다니. 예의, 다시 그 오만한 말투다. 아니면 내가 그렇게 느끼는 건가? 하지만 나는 그에 대해 너무 모르지 않는가? 그러니 오만하다, 아니다 할 수도 없지 않은가.

> 감사합니다.

> 제논님, 또 비트겐슈타인에 따르면 세계는 사실들의 총체이기도 하죠. 그리고 사실은 그것을 구성하는 대상들이 일정한 방식으로 배열됨으로써 이루어지지 않습니까? 그런데 문장이 사실에

대해 그림의 역할을 함으로써 의미 있는 것이 된다고 한다면, 우리 언어에는 참인 문장과 그 문장으로 구성된 제대로 된 그림만이 있을 수 있겠죠. 따라서 문장이 그리는 것은 사실이 아니라 사실이 될 수 있는 논리적 가능성으로서의 사태겠죠.

> 네, 맞아요. 그래서 사태가 실제로 벌어졌을 때 그것은 하나의 사실이 되며, 그것을 묘사하는 문장은 참인 문장이 됩니다.

> 그러나 제논님, 사태는 하나의 논리적 가능성에 불과하기 때문에 실제로 벌어지지 않을 수도 있지 않나요?

> 그럴 경우 그것을 묘사하는 문장은 거짓이 되겠죠. 논리적 가능성으로서의 사태는 대상들이 일정한 방식으로 배열될 수 있다는 가능성이며, 이러한 배열의 가능성이 곧 사태가 지니는 논리적 구조입니다. 그래서 사실이 사실적 공간에 존재한다면 사태는 논리적 공간에 존재한다고 말할 수 있겠죠.

> 역시 정확하십니다. 따라서 문장의 논리적 구조는 사태의 논리적 구조와 동일하며 그 논리적 구조가 동일하기 때문에 문장은 사태의 그림 곧 논리적 그림이 될 수 있는 거겠죠.

어느덧 그와 나는 동일한 입장에 서 있게 되었다. 적어도 비트겐슈타인을 이해하면서 우리는 같은 해석에 이른 것이다.

기뻤다. 내가 알고 있는 모든 게 무너져 내릴 것만 같았는데, 조금씩 자신감이 생겼다.

그런데 아직 우리의 갈 길은 먼 듯했다. 그리고 나는 언어에 대한 그의 생각을 좀 더 알고 싶었다. 하지만 그는 또 나갈 준비를 할 거라는 느낌이 왔다.

> 뫼비우스님, 오늘은 이만 이야기를 나누죠?

> 제 규칙성을 파악하셨군요.

> 아닙니다. 제가 많이 피곤해서요.

> 이제 저에 대한 배려까지…….

놀리는 건가? 내가 너무 성급했나?

> 농담이에요. 사실 가야 할 시간이 됐어요.

> 근데, 늘 어딜 그렇게 가시나요?

> 꿈나라로요. 피곤하면 좀 쉬어야 하잖아요.

> 어디, 몸이 안 좋으세요?

> 아닙니다. 그냥 한 말입니다.

그러고서는 예의, 대답이 없다. 그렇게 알지 못할 미소만 남겨 두고 그는 갔다.

또 나는 추측을 한다.

왜, 갑자기 책을 보냈으며, 그는 지금 무엇을 하고 있을까? 별다른 성과도 없으면서 그렇게 암중을 헤맨다.

그가 보낸 책을 읽으면서 지난 며칠을 보냈다.

도대체 무슨 의도였을까? 그가 내게 보인 단순한 호의라고 생각되지만 한편에서는 그가 아무 이유 없이 그럴 리가 없다는 의심이 일었다. 그런 생각을 하는 내 모습이 우습기도 했지만, 자꾸 뇌리에서 떠나질 않았다.

언어에 대한 화제를 내가 던졌고, 그 이야기를 나누다 느닷없이 책이 배달 오고. 단순한 호의라고 생각되기에는 아직 내게 그에 대한 앙금이 남아 있나 보다. 하지만 도무지 이유를 알 수가 없으니, 단순한 호의로 돌리기에도 너무 늦었다. 아마도 이런 나의 모습을 그가 보았더라면 얼마나 섭섭해했으랴.

아니지, 즐기고 있을지도 모르는 일이다.

아니, 그런 생각을 하지 말아야 하는데.

방학이 시작된 토요일 아침. 오랜만에 친구들을 만나서 새벽까지 게임을 했기 때문인지 머리부터 발끝까지 모두 불편하다. 예전과 다르게 고 3이라는 이름의 무게가 새롭게 느껴지기 시작했다.

영영 올 것 같지 않던 그 시간이 내게도 왔고, 시간이 지속될 때마다 어머니의 잔소리도 늘었고, 학교 공부도 점차 나를 조금씩 짓누르기 시작했다.

상황은 몇 안 되는 친구들에게도 마찬가지인가 보다. 유별난 친구들이긴 하지만 그들에게도 고 3이란 신분은 일상의 자유로움을 만끽하지 못하게 하는 무거운 단어다.

하고 싶은 일을 하며 한창 유쾌하게 즐겨도 모자랄 나이에 입시를 준비하며 걱정해야 하는 구조에서 친구들은 모두 슬펐다. 구조가 편치 않으니 행동이 자유롭지 못하고, 행동이 자유롭지 못하니 방학이 편하겠는가. 방학이 편할 리 없으니 집에서도 편하지 못하고, 집에서도 편하지 못하니 삶이 편하지 않은 것이다. 삶이 편하지 않으니 슬플 수밖에.

그래도 나는 나은 편이다. 아직까지 부모님은 그런대로 나를 이해하시는 편이 아닌가. 그러나 말이 그렇지 어디 편한 곳이 있으랴. 그래도 어쨌든 나는 조금 나은 편이다.

침대에 누워 천장을 멀뚱멀뚱 바라보고 있었다.

공자는 내 나이에 학문에 뜻을 세웠다고 한다. 나도 '학문'이란 말처럼 거창하지는 않지만 나름대로 흥밋거리를 찾았는데, 그 흥밋거리가 대학입시하고는 별 상관이 없었다는 데 문제가 있었다.

그러나 무엇이든 배우고 때로 익히니 기쁘지 않은가.

그런데 정말 기쁜가?

문득 그가 나타날 것 같은 느낌이다. 언제부터인가 그가 나타나는 날에는 그가 나타날 것 같은 느낌이 오곤 했었다. 그게 오늘일 것 같은 예감.

책상에 앉아 노트북을 연다.

잠시 후 정말 그가 나타났다.

시끄럽게 떠들어 대는 뇌세포들 때문에 혼란스러운 머리를 가누며 그의 이름을 주시한다.

뫼비우스. 뫼비우스.

엉뚱한 생각인지도 모르겠지만, 그가 사람일까?

그의 이야기들이 지나가는데, 그건 그냥 알 수 없는 기호로만 느껴졌다.

도무지 집중이 안 된다.

> 제논님, 무슨 일 있으세요?

> …….

> 대답이 없으시니…….

> …….

> 제논님…….

고개를 한 번 흔들고 다시 화면을 들여다본다. 이제야 눈에 들어온다.

> 미안해요. 뫼비우스님. 잠시 다른 생각을 하느라.
> 별일 있으신 건 아니고요?
> 네. 제게 뭐 별일이 있겠습니까?
> 다행이네요.
> 우리 지난번 나누던 이야기 결론을 맺어야죠.
> 그래야겠죠?
> 어디까지 이야기했더라……
> 제논님이 화제를 던졌고, 이야기를 나누고 난 후 많은 생각을 했습니다. 언어에 대해서 그리고 언어와 세계의 관계에 대해서. 아주 근본적인 관계라는 생각이 들더군요.
> 네. 그래서 정리가 좀 되셨나요?
> 글쎄요. 정리라기보다…… 아주 많은 이야기를 더 나누어야 할 거라는 게 제 판단입니다. 제논님의 고견이 더욱 절실히 필요하겠죠.
> 고견이라뇨…… 당치도 않은 말씀을…….
> 지나친 겸손은 오히려 실례입니다.
> 하하하.
> 제논님, 지난번 이야기를 제 나름으로 정리하면 이렇습니다. '언어의 논리적 구조와 세계의 논리적 구조가 같은 모습이라면 우리는 언어를 통해 세계를 그릴 수 있고 세계에 대해 이해할 수 있다.'
> 동의합니다.

> 다른 부분은 각설하고, 그렇게 정리했을 때 한 가지 의문이 떠오르더군요.

> 어떤?

> 세계의 논리적 구조는 언어로 표현됩니다. 그런데 이것은 언어의 논리적 구조를 다시 언어를 통해서 묘사하는 것과 같지 않습니까?

> 그렇죠.

> 제논님, 그렇다면 언어를 통해서 언어에 대해 말한다는 것은 무의미할 수 있지 않을까요?

> 무의미하다?

> 왜냐하면 우리가 어떤 구조에 대해 말하려면 그 구조 밖에서 그 구조에 대해 언급해야만 하기 때문이죠. 제논님, 제 생각엔 이것은 좀 더 심각한 문제를 불러일으키는 것 같아요.

> 뫼비우스님, 어떤 심각한 문제가 생길 수 있을까요?

> 이렇게 질문을 해 볼게요. 과연 논리적 구조로부터 떨어져 나와 그 구조를 다시 그릴 수 있는가? 어떻게 생각하세요? 그릴 수 있을까요?

> 그 질문이 성립하려면 '우리는 구조 밖으로 나갈 수 있는가?'라는 질문이 먼저 선행되어야겠죠.

> 바로 그겁니다. 제 생각엔 두 질문은 동일한 질문 같아요. 왜냐하면 논리적 구조로부터 떨어져 나와 그 구조를 다시 그리려면 일단은 구조 밖으로 나갈 수 있어야 하기 때문이죠.

> 듣고 보니 그러네요.

> 예를 들어 거울을 생각해 보죠. 거울은 사물들을 모습 그대로 비

춰 줍니다. 그러나 거울은 스스로를 비추지 못합니다.

> 스스로를 비추지 못하죠. 우리가 반사체 없이 자기 얼굴을 볼 수 없는 것과 마찬가지로.

> 그래요. 그것처럼 스스로를 비추려면 다른 거울이 존재해야 합니다. 그런데 그 다른 거울도 역시 스스로를 비추지 못합니다.

> 동의합니다, 뫼비우스님.

> 같은 이유로 우리는 구조 밖으로 나가서 그 구조를 다시 그리지 못합니다. 왜냐하면 거울이 스스로를 비추기 위해 다른 거울을 필요로 하지만 결국 그 다른 거울은 구조 안에 존재하듯이 우리도 우리의 논리적 구조 밖으로 나가서 그 구조를 그리려 하지만 그 구조 밖은 다시 구조 속이 되어 버리기 때문이죠.

묘한 표현이다.

갑자기 삼촌이 준 퍼즐이 생각났다. '내가 기계 속에 든 두뇌라고 나는 말할 수 있을까?' 맞아. 내가 직접 나를 볼 수는 없지만, 거울을 통해서 나를 볼 수가 있다. 그런데 그 거울이 없다면 나를 볼 수가 있을까? 그렇다면 마찬가지로 내가 기계 속에 든 두뇌라는 것을 다른 사람이 말할 수 있겠지만, 그것을 내가 말할 수 있을까? 어쩌면 퍼즐에 대한 해답을 찾을 수도 있으리라는 생각이 들었다. 아직 막연하기는 하지만.

> 정말 그런 문제가 생기겠네요. 그렇다면 뫼비우스님은 언어와 세계의 논리적 구조를 밝히고 또한 논리적 구조 사이의 관계에 대해 말하는 것이 터무니없는 일이라는 말씀입니까?

> 그럴 리가요. 아닙니다. 물론 세계에 대한 그림으로서의 언어는 이 논리적 구조에 대해 말할 수 없겠죠. 그러나 이들은 모두 세계의 언어가 공통적으로 갖고 있는 논리적 구조를 보여 주고 있습니다. 이 점을 비트겐슈타인도 간파하고 있었지요.

> '말할 수 있는 것에 대해서만 말하라! 말할 수 없는 것에 대해서는 침묵하고!' 이 말을 말씀하시는 겁니까?

> 네. 비트겐슈타인이 정작 하고 싶었던 이야기가 바로 그것이었잖아요.

> 그렇죠.

> 그런데 제논님, 제게 일어난 큰 의문은 정작 이것이었어요.

> 어떤 의문 말씀이십니까?

> 과연 우리에게 말할 수 없는 것이 있는가? 그 말을 넘어설 수는 없는 것인가?

> 그래서 의문에 대한 해답은 찾으셨습니까?

> 제논님. 제논님은 가끔 저를 과대평가하는 경향이 있으시네요.

> 과대평가라니요. 사실을 말하고 있을 뿐입니다.

> 놀리지 마세요. 사소한 거에도 감정이 상할 수 있답니다.

놀랍다. 삼촌의 자상한 설명이 있었지만, 그래도 나는 책을 이해하기도 급급했었는데. 그는 이해의 수준이 아니라 새롭게 진의를 따져 묻고 있지 않은가? 그리고 근본부터 해체하려고 덤벼들지 않는가?

머릿속에서 폭풍이 일고 있다.

과연 우리에겐 말할 수 없는 것이 있는가? 그 말을 넘어설 수는 없는가? 구조 밖으로 나갈 수 있는가? 반사체 없이 스스로를 바라볼 수 있는가?

뫼비우스의 말과 삼촌의 퍼즐이 뒤섞여 서로를 복제하며 머리를 가득 채우고 있다.

문장들이 쪼개져 단어가 되고, 단어들이 쪼개져 알 수 없는 기호들로 머릿속을 떠돌아다닌다.

비수로 꽂히기도 하고, 새롭게 조합돼서 흉측한 괴물로 덤벼들기도 한다.

잠이 덜 깬 탓만은 아니다. 새벽 내내 했던 게임의 여운 탓만도 아니다.

나는 구조 속에 빠져 있고, 모든 게 벽이다. 앞, 뒤, 옆, 위, 아래. 모두가 벽이고, 나는 그렇게 갇혀 있다.

어지럽다.

언제 어떻게 그가 갔는지 모르겠다. 아니, 아마도 언제 어떻게 그를 떠나보냈는지 모르겠다는 게 정확한 표현 같다.

어지럽다.

나는 구조 속에 갇혀 있다. 언어라는 구조 속에, 체계라는 구조 속에, 나라는 구조 속에, 학교라는 구조 속에, 사회라는 구조 속에, 국가라는 구조 속에, 세계라는 구조 속에.

어지럽다. 답답하다. 불쾌한 몽환적 그림이 다가왔다. 나를 둘러싼다. 그림은 이내 온통 이상한 기호들로 짜여 있는 밧줄이 되어 괴물처럼 나를 안고 있다.

'나는 구조다.'

'나는 구조다.'

'나는 구조다.'

"띠리링!" 전화다. 여자 친구로부터 온 전화.

> 일어났어? 지금이 몇 시인데 아직도 그러고 있어?
> …….
> 정신 좀 차려. 오늘 만나기로 했잖아. 나, 동수하고 있는데, 일어
  났으면 이리로 와!

그렇게 현실이다.
그러나 그게 정말 현실인가?

PART 3
나눔의 끝

사람들은 세계를 무한히 나눌 수 있다고 생각했다. 무한히 나누다 보면 그 나눔의 끝에 무언가 있으리라는 생각으로. 그러나 그 나눔의 끝에 아무것도 없다면? 혹은 그 나눔이 끝나지 않는다면? 그래서 제논은 말한다. 눈에 보이는 것 이면의 다른 모습을 생각하라.

한동안 늪에 빠진 기분이었다. 도무지 헤어 나올 가망 없는 그런 늪 말이다.

그리고 거대한 벽 앞에 선 기분이었다. 내 앞에 우뚝 서 있어서 도무지 무너질 것 같지 않은 그런 벽 말이다.

이제 구조라는 말만 들어도 무섭다. 거울도 보기 싫다. 퍼즐도 보기 싫다.

내가 하는 말들, 듣는 말들이 이상한 모습으로 내 혀를, 내 뇌를 옭아매는 것 같았다.

뫼비우스. 그 때문이다. 아니, 게임 때문이다. 아니, 나 때문이다.

유난히 덥던 화요일 오후. 멍하니 내 방 침대에서 늪을 빠져나오려고, 벽을 밀어 보려고 발버둥을 치다 지쳐 잠이 들었다.

단아하게 생긴 한 노인이 내게 활과 화살을 건넨다.

나는 활과 화살을 받아 들며 묻는다.

> 누구세요?

> 나는 제논이라네.

> 아, 제논. 그럼 여기는 어디인가요?

> 자네의 머릿속 깊은 심연이라네.

> 심연이요?

> 그렇다네.

> 왜 제가 여기에? 그리고 당신은 왜 여기에?

> 자네 스스로 이곳에 들어오지 않았는가. 그리고 자네가 내게 구
  원을 청하지 않았는가.

> 제가요?

> 그렇다네.

당혹스럽다. 정말 제논이라니.

> 구원이요? 어떻게 저를 구해 주실 건데요?

> 내가 자네에게 준 활로 화살을 쏘아 보게. 저 나무에 있는 과녁
  을 향해서.

> 쏘기만 하면 되는 건가요?

> 아니지, 저 나무에 있는 과녁을 맞혀야지.

> 그럼 되는 건가요?

> 글쎄, 자네가 맞힌다면야…… 가능할 수도 있겠지.

이건 함정이다. 뫼비우스가 내게 던졌던 것과 같은 노림수다. 정말
그가 제논이라면 나는 화살로 저 과녁을 맞힐 수 없음은 자명한 일.

그런데 내게 활과 화살을 주며, 화살로 과녁을 맞히라니.

> 맞힐 수 없어요. 분명 맞힐 수 없어요.
> 해 보지도 않고 자네가 맞힐 수 있는지 없는지 어떻게 아는가?
> 당신이 그렇게 말씀하셨잖아요.
> 내가?
> 네. 당신이 분명 그렇게 말했죠. 운동은 없다고.

그렇다. 철학자 제논은 말했다. 운동은 없다고. 예를 들어 하나의 화살이 활시위를 떠나 과녁에 도달하기 위해서는 반드시 시작점과 도착점 사이의 중간 지점에 도달해야 한다. 그런데 화살이 중간 지점에 도달하기 위해서는 시작점과 중간 지점 사이의 다른 중간 지점을 지나가야 한다. 그리고 그 다른 중간 지점에 도달하기 위해서는 시작점과 다른 중간 지점 사이의 또 다른 중간 지점을 도달해야 한다. 이것은 계속 반복된다. 그렇다면 결국 그 화살은 활시위에서 결코 떠나지 못하게 된다. 따라서 운동은 존재하지 않는다.

> 아, 그 이야기로군. 내가 그런 말을 하긴 했지. 그런데 정말 화살로 과녁을 맞힐 수 없다고 생각하는가?

이건 또 무슨 소리인가?

> 머리로만 생각하려 들지 말고 믿음을 갖고 쏘아 보게. 정확하게 과녁을 보고 시위를 잘 당겨서 쏘아 보란 말이야.

어떻게 해야 하나? 이해할 수 없다. 그러나 다른 방법이 있을까?

나는 활에 화살을 재고 과녁을 응시하며 시위를 힘껏 당겼다. 화살은 힘 있게 날아가 과녁에 꽂혔다.

아니, 이런 일이.

> 훌륭하군.

> 그럼 이제 심연에서, 늪에서 벗어날 수 있는 건가요?

> 글쎄……. 그건 자네 몫이야. 하지만 이런 이야기는 해 줄 수 있지. 그 이야기를 자네가 어떻게 받아들이는지도 전적으로 자네 몫이지만 말이야.

> 어떤?

> 자네는 나를 잘 알고 있다고 착각하고 있는 것 같은데…….

> ???

> 운동을 이야기하려면 변화를 가정해야 한다네. 변화를 이야기하려면 '다르다'는 개념이 필요하고. 이건 자네도 이해할 수 있는 이야기니 별도의 설명은 하지 않기로 하겠네.

> …….

> 그렇다면 '다르다'는 것은 무엇인가? '같지 않다'는 것일세. '같지 않다'는 것은 무엇인가? '같지 않다'는 말은 너무도 원초적이고 자명해서 정의하기 어렵다네. 그러나 우리는 '같지 않다'는 말이 무엇인지 잘 알고 있다네. 예를 들어 이 책상은 저 책상과 같지 않지. 빨간색은 파란색과 같지 않지. 하늘과 바다도 같지 않지.

> …….

> 이제 이런 예들에 비추어 '같지 않다'는 말을 정의해 보세. 집합

의 개념을 빌리면 '같지 않다'의 정의는 비교적 쉽게 끌어낼 수 있다네. A라는 집합은 a, b, c의 원소로 구성되어 있고, B라는 집합은 a, b, c, d의 원소로 구성되어 있다고 하세. 이때 B 집합은 A 집합이 가지고 있지 않은 원소 d를 하나 더 가지고 있지 않은가. 따라서 A 집합과 B 집합은 같지 않다네. 쉽지? 그런데 만약 B 집합이 A처럼 a, b, c의 원소로 구성되어 있다면? 그러면 A 집합과 B 집합은 같겠지. '같다'라는 말은 이렇게 정의할 수 있다네.

> 네. 알고 있습니다.

> 다행이군. 이해가 빨라서. 그럼 더 이야기를 진행해 보도록 하지. 이 '같음'과 '다름'이 세계를 보는 기본적인 논리적 구조를 제공한다는 것에 대해서 어떻게 생각하는가?

> 제게 물으시는 겁니까?

> 아닐세. 그냥 한 말이네. A 집합과 B 집합이 같다는 것은 A 집합과 B 집합 두 가지가 있다는 것이 아니라 한 가지만 있다는 것을 의미하지. 두 가지가 있다고 말하는 순간에 이미 A 집합과 B 집합은 다른 집합이 되겠지. 왜? 예를 들어 내가 어제 잃어버린 시계는 이 세계에 단 하나밖에 없어. 내가 찾고 싶은 것은 어제 잃어버린 바로 그 시계지, 같은 시계공에 의해 만들어진 같은 종류의, 같은 모형의 제품은 아니기 때문일세.

> 이해합니다.

> 생각보다 자네는 총기가 있는 사람이로군.

> ······.

> 이것은 무엇을 의미하는가? '같다'는 것은 엄격한 의미에서 '모든 것이 동일하다면 나누거나 구분하는 것이 허용되지 않는다'

는 것을 의미한다네. 따라서 무엇을 나누거나 구분한다는 것은 다르기 때문에 가능한 것일세.

> …….

> 결국 내가 하고 싶었던 말은 운동과 변화의 원인인 차이성이 세계에는 존재하지 않는다는 것일세. 따라서 내게서 모든 것은 나누거나 구분할 수 없는 하나일세.

> 그런데요? 그게 저를 어떻게 구원해 줄 수 있나요?

> 글쎄 구원은 자네 몫이라니까.

> …….

> 한 가지 사람들이 모르는 이야기가 있지.

> 그게 뭔가요?

> 자네가 알고 있는 내 말은 같음과 다름을 이야기하는 순간에 생기는 문제지. 같음과 다름을 이야기하지 않는다면, 즉 구분하고 구별하는 행위를 하지 않는다면, 아무런 문제도 일어나지 않지. 이것도 이해를 하겠는가?

> 글쎄요……. 도무지 무슨 말인지…….

> 활로 시위를 당겨서 화살을 쏘면 화살은 날아가지. 그리고 자네가 목표로 하는 과녁도 맞힐 수 있고. 운동은 그리고 변화는 자네가 만드는 거라는 뜻일세.

> 네?

> 한 번 더 이야기하자면 이렇다네. 같음과 다름을 이야기하지 않는다면, 즉 구분하고 구별하지 않는다면 세상은 나눌 수 없는 하나일세. 그럼에도 사람들은 같음과 다름을 이야기하지. 그로부터 구분과 구별이 생기는 것이고 그렇기 때문에 운동과 변화가 생긴다는 말이야.

> 아직도 이해가 좀…….

> 자네에게 해 줄 말은 다 했으니 난 이만 가 봐야겠네. 명심하게 구원의 길은 자네 속에 있다네. 자네 몫이라는 이야기지. 믿거나 말거나. 하하하.

꿈에서 깼다. 땀으로 흥건하다.

귓가에서 울린다. '운동은 그리고 변화는 자네가 만드는 거라네.' 무슨 의미인가? 제논은 분명 운동은 없다고, 변화는 없다고 했는데.

제논의 말대로라면 운동이나 변화는 없다. 그래서 화살은 영원히 과녁으로 날아가지 않는 것이다. 그러나 제논의 주장이 성립하지 않는다면? 그렇다면 세계는 같음과 다름을 표현하는 단 두 가지의 기호로 설명할 수 있게 된다. 왜냐하면 나눔의 끝에 같음과 다름이라는 두 가지만 존재할 것이기 때문이다. 그런데 운동이나 변화는 내가 만드는 거라니.

뜨거운 바람이 창밖에 숨어 안을 훔쳐본다. 뜨거운 바람이 흥분해서 몰래 내뿜는 열기가 숨 가쁘게 한다.

한낮의 꿈. 그리고 제논. 태초에는 아무런 구분도 없었다. 모든 것은 하나였다.

이상한 꿈 때문에 고민은 더욱 깊어 갔다. 다만 불안감이나 답답함은 많이 없어졌다는 점이다.

뭔가 내 속에서 응어리져 있던 것들이 터져 나올 듯한 그런 후텁지근한 날씨만 아니라면 기분도 그리 나쁘지는 않은 하루하루가 지났다.

오랜만에 그를 만났다. 나는 꿈 이야기를 했다. 그는 무척이나 흥미로워하면서 철학자 제논이 던졌던 화두를 내가 어떻게 풀고 있는

지를 물었다.

> 뫼비우스님, 화두를 풀기는커녕 오히려 고민이 증폭되는 기분이에요.

> 제논님, 그건 매우 좋은 징조라고 봐요. 원래 끓으면 넘치잖아요.

> 글쎄요. 그런 건지 잘 모르겠어요. 이러다 냄비만 태우는 건 아닌지.

> 그럴 리가요. 그나저나 그간 이런저런 생각이 많으셨을 텐데…… 이야기 좀 들려줘요.

> 딱히 들려줄 만한 이렇다 할 이야기는 없고요. 몇 가지 정리된 생각이나 말씀드려야겠네요. 뫼비우스님이 어떻게 생각하실지도 궁금하고.

> 네. 해 보세요.

> 어떤 대상이나 현상을 이해하고자 할 때 그 대상이나 현상을 구성 요소로 분해하고 각 구성 요소의 특성을 밝혀냄으로써 그 대상의 본성을 이해하는 방식이 종종 유용하게 쓰이지 않습니까?

> 그렇죠. 뫼비우스님. 동의합니다. 예를 들어 화학자가 복합 물질을 그 구성 요소로 분해하여 그 물질의 본성을 밝히고자 하는 경우가 그렇고, 생물학자가 생물체를 그 구성 기관별로 분리하여 신체의 본질을 밝히고자 하는 경우도 그렇죠.

> 제논님, 그때 우리는 두 가지 양립 불가능해 보이는 입장에 직면하게 되는 거 같아요. 하나는 이러한 분해 과정이 무한히 계속될 수 있다는 논리적 가능성을 인정하는 입장이고 또 하나는 이 과정에 사실상 최종점이 있고, 이 최종점에는 더 이상 나누어질 수

없는 최종 단순체가 있다고 하는 입장 말입니다.

> 제논님 말씀에 동의합니다.

> 뫼비우스님, 그러나 전자의 경우를 계속 밀고 나가면 우리는 세계에 대해 아무런 언급도 할 수 없게 되죠. 이것은 제논의 역설이 보여 주듯이 논리적 분해 과정의 끝이 없기 때문에 결국 세계는 오직 하나가 되고, 그 하나인 세계에서는 차이성이라는 것이 드러나지 않기 때문에 말할 수 있는 것은 아무것도 없게 된다는 것을 의미합니다. 하지만 이것은 우리의 상식적인 생각과 어긋나죠. 그래서 사람들은 나눔의 끝에 결코 나누어지지 않는 그 무엇의 존재를 요청하게 되는 거 같아요.

> 제논님, 그게 바로 최종 단순체라는 말씀이죠?

> 네. 최종 단순체를 구명하려는 노력은 오래전부터 있어 왔죠. 사람들은 왜 최종 단순체를 규명하려고 했을까 생각해 봤습니다.

> 제 생각엔…… 제논님…… 왜냐하면 이 최종 단순체가 발견되기만 하면 대상이나 현상에 대한 이해는 쉽게 얻어질 수 있기 때문이겠죠.

> 뫼비우스님, 그게 바로 제가 도달한 생각입니다. 또 이 최종 단순체로부터 이들 대상이나 현상은 사실적으로 혹은 논리적으로 재구성될 수 있으리라고 생각되었기 때문이기도 하고요. 마치 레고 블럭을 쌓듯이.

> 예를 들어 탈레스의 물, 데모크리토스의 원자, 18세기 화학의 플로지스톤, 물리학의 입자 등이 이러한 노력의 산물로 볼 수 있겠죠.

> 뫼비우스님과 이야기를 하면 항상 제 생각을 앞서 가셔서 무섭기도 하지만, 편하기도 해요.

> 하하하. 그래요?

> 여하튼 이 같은 작업이 가능하고 옳은 일이라면 비록 최종 단순체로의 환원 과정이 복잡하고 또 재구성하는 과정에서 많은 단계가 요구된다고 하더라도 세계 속의 모든 대상은 이들 최종 단순체에 의하여 구성될 수 있고, 따라서 이들 단순체는 곧 세계를 구성하는 토대가 될 것입니다.

> 동의합니다, 제논님. 제가 알고 있는 범위 내에서 보자면, 하나의 대상을 과학적으로 그것을 구성하는 요소로 분해하는 작업을 존재론적 차원에서의 환원적 분석이라고 할 수 있겠죠. 이러한 분석은 언어적 측면에서의 환원적 분석으로도 나타날 수 있겠죠.

> 네. 방금 뫼비우스님이 말씀하신 언어적 측면에서의 환원적 분석은 하나의 언어적 표현을 다른 언어적 표현으로 바꾸는 작업인 언어적 표현의 번역 가능성 때문에 가능해집니다. 보통 하나의 언어적 표현을 이해 또는 설명하고자 할 때 우리는 그 표현을 그 표현과 같은 의미를 가진 다른 언어적 표현으로 바꾸는 작업을 합니다. 이러한 번역의 과정은 논리적으로 무한히 계속될 수 있는데…… 이 번역의 종점에 언어적 단순체들이 있고, 이들의 진리나 의미는 세계와의 지시적 관계들을 검토함으로써 밝혀질 수 있겠죠.

> 아마도 여기에 언어적 측면에서 최종 단순체 추구가 지니는 가치가 있지 않을까요?

> 저도 그렇게 생각해요, 뫼비우스님. 그것은 바로 환원적 분석 혹은 언어에서의 번역가능성이 같음과 다름을 바탕으로 하는 이

분법적 구조를 기반으로 하고 있다는 점을 보여 주는 것이죠. 그
구조에서는 같은 의미를 가지면 같은 것이고, 다른 의미를 가지
면 다른 것이 됩니다.

> 동의합니다. 제논님, 멋진 논증입니다.
> 논증이랄 거까지야 있나요. 그냥 과거에 많은 학자들이 추구해
온 연구를 짤막하게 정리한 수준인데요.
> 그게 어디 쉬운 일인가요?
> 이거 몸 둘 바를 모르겠네요.
> 하하하.
> 잠시만요, 저 커피 좀 타 올게요.

어머니가 TV를 보고 있다. 커피를 타는 나를 보며 어머니가 웃으
며 묻는다.

> 요즘, 뭘 그렇게 열심히 해? 채팅하는 것 같던데…… 연애해? 공
부도 안 하고, 엄마 말 안 들으면 나중에 후회하지.

나는 예의 웃음으로 답을 하고 다시 내 방으로 들어선다. '그래, 요
즘 이래저래 내가 공부에 소홀한 게 사실이지' 하는 생각을 하면서
의자에 앉는다.

> 커피 타 오셨나요?
> 네. 뫼비우스님, 많이 기다리셨죠?
> 저도 음료를 가져왔어요.

> 네. 무슨 음료를 좋아하시나요?

> 저는 녹차를 좋아해요.

> 정갈하시군요.

그는 녹차를 좋아한다. 또 하나의 정보다. 우연히 알게 된.
그는 내게 다시 본격적으로 이야기를 진행할 것을 재촉한다.

> 뫼비우스님, 쥬세페 페아노를 아시죠?

> 네. 조금.

> 그는 순수 수학이 0, 수, 계승수(뒤에 이어지는 다음 수) 등 세
  개의 원초적인 무정의 술어와 다섯 개의 공리들로 구성된 산술
  체계로부터 완전히 연역될 수 있다는 것을 보여 주었죠.

> 네, 알고 있어요. 그는 다음과 같은 다섯 개의 공리를 내세웠죠.

1) 0은 자연수이다.

2) 어떤 자연수의 계승수도 또한 자연수이다.

3) 서로 다른 자연수는 결코 동일한 계승수를 갖지 않는다.

4) 0은 어떤 수의 계승수도 아니다.

5) 어떤 것이 0에 대해 성립할 경우 그리고 그것이 어떤 자연수에
   대해 성립할 때 반드시 그 계승수에 대해서도 성립할 경우, 그것
   은 모든 자연수에 대해서도 성립한다.

> 뫼비우스님, 늘 감탄하는 겁니다만, 도대체 뭘 하시는 분이기에
  이런 걸 다 알고 계세요? 아닙니다. 또 대답을 안 하실테니……

> 하하하.

> 뫼비우스님, 여하튼 이러한 무정의 술어와 공리로 세계를 구성하려고 했던 시도는 진지한 철학자 고트로프 프레게에게 이어져 수학적 개념들이 논리적 개념들로부터 도출될 수 있다는 가능성을 열게 하였고, 결국 수에 관한 모든 법칙들을 논리학으로부터 연역해 낼 수 있다 또는 논리학으로 모두 환원할 수 있다는 논리주의적 주장에 이르게 되었습니다.

> 네, 제논님, 그 과정에서 이러한 연역적 작업을 위한 도구로서 개발된 것이 진리 함수적 논리 체계죠.

그렇다. 이 체계는 버트란드 러셀과 앨프리드 화이트헤드에 이르러 논리주의를 더욱 공고하게 하는 토대가 되었으며, 그 결과 환원적 분석이 가능하고, 환원적 분석만이 세계에 대한 해명을 가능하게 하는 유일한 길이라는 의미를 갖게 되었다. 이로부터 러셀과 화이트헤드는 그들의 논리적 성과를 집대성한 ≪수학의 원리≫라는 책에서 순수 수학적 문장은 몇 개의 순수 논리적 전제로부터 연역될 수 있으며, 또한 모든 순수 수학적 개념은 논리적으로 정의될 수 있다는 신념을 증명해 보이고자 했다. 이들에 따르면 아무리 복잡한 문장이라도 여러 개의 단순한 논리적 문장으로 분석하여 표현할 수 있다. 결국 복잡한 문장은 여러 개의 단순한 문장으로 구성된 생략된 표현임을 의미한다.

> 그래요. 그러나 그러한 논리주의적 노력은 성공할 수 없었죠. 왜냐하면 공리와 정의만으로는 그러한 주장을 증명하는 것이 불

가능하다는 것이 명백해졌기 때문입니다.

> 제논님, 아, 그 무한 공리를 말씀하시는 거죠? 서로 다른 수들이 동일한 계승수를 가질 수 없다는 것을 보여 주기 위해서는 이 세계에 무한수의 개체들이 존재한다는 무한 공리를 전제해야만 하는데, 그러나 이 무한 공리는 수학의 체계를 연역하는 데는 필요하지만 논리적 공리는 아니다…… 뭐 이런 거 아닌가요?

> 잘 아시는군요. 대단합니다. 뫼비우스님.

> 별말씀을……

> 물론 러셀과 화이트헤드의 논리주의적 시도가 성공하지는 못했지만 여기서 사용된 환원적 분석의 방법은 우리의 사고방식에 매우 큰 영향을 미쳤죠. 그 영향의 결과로 인해 이 환원적 분석 방법은 수학을 논리로 환원시키려는 노력만이 아니라 우리가 사용하고 있는 일상 언어도 논리적 구조 속에 담으려는 노력으로 이어졌죠.

나는 막힘없이 이야기를 풀어 나갔다. 사실 삼촌한테 들은 내용이기도 하거니와 그간 뫼비우스와 대화에서 뒤처지지 않으려고 또 삼촌이 낸 퍼즐을 풀기 위해 여러 책들을 읽다 보니 얻게 된 수확이었다.

여하튼 전문적이라고 하기에는 부족하지만, 내가 알고 있는 것을 동원해 이 부분에 대해 좀 더 설명을 해야겠다.

수학을 논리학으로 환원하는 작업을 가능하게 한 논리적 근거는 진리함수적 사고방식에 기초한다. 함수가 이것과 저것을 어떤 방식으로 관계를 맺어 주는 것이라고 한다면, 진리 함수란 관계를 맺는 방식이 진리치를 바탕으로 하는 것을 말한다. 그렇다면 진리 함수적 논리는 단순 문장의 진리치가 결정되면 복합 문장들은 이들 단순 문장들의 함수로서 그 진리치가 결정되도록 구성한 논리라고 할 수 있다. 그 논리의 기본 틀은 이렇다.

첫째, 논리적 추론의 최저 단위인 문장들을 기호화한다. 문장들은 문장을 나타내는 기호 혹은 더 세분해서 주어를 나타내는 기호와 술어를 나타내는 기호를 이용하여 기호화할 수 있다. 예를 들어 '선동렬은 야구 선수다'와 같은 문장은 임의의 기호 'S'로 기호화할 수 있으며, 주어와 술어의 구조를 보여 줄 수 있도록 'Bs'(여기서 's'는 주어로서 '선동렬'을 가리키고, 'B'는 술어로서 '……야구 선수다'를 가리킨다)로 기호화할 수 있다.

둘째, 단순 문장들을 연결시켜 주기 위해서는 몇 개의 논리적 결합 기호(연결사)들이 필요하다. 결합 기호들로는 보통 다음의 것들이 사용된다.

1) A&B는 연접(논리곱)이라 하며, 'A 그리고 B'라고 읽는다.
2) A∨B는 선접(논리합)이라 하며, 'A 또는 B'라고 읽는다.
3) ~A는 부정이라 하며, 'A가 아니다'라고 읽는다.
4) A→B는 실질적 함축 관계라고 하며, '만일 A이면 B'라고 읽는다.
5) A↔B는 실질적 동치 관계라고 하며, '만일 A이면 오직 그때에만 B이다'라고 읽는다.

셋째, 단순 문장들을 수량화하기 위해서 양화 기호들을 설정한다. 양화 기호들로는 보통 다음 것들이 사용된다.

1) (x)Fx는 보편 양화를 나타내는 것으로, '모든 것은 F다'라고 읽는다.
2) (∃x)Fx는 존재 양화를 나타내는 것으로, '어떤 것은 F다'라고 읽는다.

넷째, 문장들의 연접, 선접, 부정, 함축 관계, 동치 관계 및 단순 문장과 양화 문장들 사이의 관계들을 규정해 주는 일련의 논리적 규칙들이 필요하다. 예를 들어 'Fa&Gb'가 참이면 'Fa'도 참이고, '(x)Fx'가 참이면 그것을 예화한 'Fa'도 참이다.

이상의 체계는 《수학의 원리》에 제시된 체계인데 여기서 진리치는 어떻게 결정되는가? 단순 문장의 진리치는 세계와의 대조를 통해 결정된다. 예를 들어 '비가 온다'라는 문장은 실제 비가 올 때 참이 되고 비가 오지 않을 때 거짓이 된다. 이렇게 해서 단순 문장의 진리치가 결정되면 그 외의 복합 문장들의 진리치는 복합 문장들을 구성하는 단순 문장들의 진리치 결합으로 표현할 수 있다. 단순 문장들의 진리치 결합은 논리적 결합 기호의 진리치 배열을 바탕으로 한다. 각 논리적 결합 기호들의 진리치 배열은 다음과 같다.

A	B	~A	A&B	A∨B	A→B	A↔B
T	T	F	T	T	T	T
T	F	F	F	T	F	F
F	T	T	F	T	T	F
F	F	T	F	F	T	T

오랜만에 이야기가 한창 무르익고 있었다.

그런데 그의 반응이 조금씩 늦어졌다. 지금까지 그와 만나면서 알게 된 바에 따르면, 그런 반응이 나타날 때 그는 이야기를 중단하고 다음 만남을 기약했다.

추측하건대 분명 그에게 어떤 신체적 결함이 있음에 틀림없다. 가장 가능성 있는 추측은 그의 체력이 지나치게 약하지 않나 하는 것이다.

이럴 때는 먼저 다음에 만날 것을 제안하는 게 서로에게 좋다.

> 뫼비우스님, 피곤하시죠?
> 네. 오늘은 조금 피곤하네요.
> 그럼 다음에 다시 이야기해요. 사실은 저도 피곤하네요.
> 그래요? 하지만 저에 대한 따뜻한 배려라는 걸 잘 알고 있습니다.
> 배려라니요? 우리 꽤 먼 길을 달려오지 않았습니까? 피곤할 만도 하죠.
> 마무리를 짓고 싶은데, 정말 먼 길을 달려오느라 조금 힘드네요. 나중에 봐요.
> 네, 편히 쉬세요.

가만히 생각해 보니, 우린 언제 다시 만나자는 약속을 한 적이 없다. 어느 쪽도 물은 적이 없다. 그런데 우리는 늘 다시 만난다. 참 흥미로운 사실이다.

다음에 우린 또 만날 것이다. 만날 날을 기약하지 않아도 말이다. 그도 느낄 것이고, 나도 느낄 것이다. 언제 만나게 될지. 말하지 않아도. 그건 분명 흥미로운 사실이다.

머릿속에서 그와 나눈 이야기들이 떠나질 않았다. 다시금 내가 알고 있던 것들을 정리할 좋은 기회가 되었다.

언어, 세계, 논리.

늘 텍스트를 중심으로 앞선 연구자들의 성과를 이해하려는 노력이 우선이었던 까닭에 내 생각, 내 주장을 펼칠 만한 기회를 갖지 못하고 있었던 게 사실이다. 뫼비우스와의 대화는 그런 점에서 아주 중요한 전기를 제공했다. 게다가 철학자 제논의 꿈까지 꾼 마당에 내 철학을 고민하지 않는다면 나는 그야말로 바보일 뿐이다. 남의 뒤치다꺼리나 하는 그런 바보 말이다.

일요일 오후, 가족들이 놀러 가잔다. 고 3 수험생인 나에 대한 가족들의 배려인데, 그 배려를 거절한 결과 나는 나쁜 아들이 되었고, 텅 빈 공간에서 혼자가 되었다.

미안한 마음도 있지만, 복잡한 마음이 놀 만한 여유를 주지 않는다. 그것이 가족이라는 이름으로 나를 위협해도.

가족, 가족, 가족.

잠시 가족의 의미를 되새기지만, 어느새 내 마음은 뫼비우스와 나누었던 이야기로 옮겨 가고 있었다. 내게 용서를.

잠시 뒤, 뫼비우스가 들어왔다. 그러고 보니 언제나 그가 내게로 왔다. 내가 그에게로 간 것이 아니라. 재미있는 사실이다.

일상적인 인사를 끝내고, 우린, 아니 나는 또 깊은 좌절의 공간으로 들어선다.

좌절의 공간? 그렇다. 좌절의 공간. 그러나 나쁘지 않다. 그새 단련되었나?

> 뫼비우스님, 논리는 우리 언어의 기본 골격을 보여 주는 것 같아요. 그런데 우리는 일상 언어가 지니는 애매성과 다의성 때문에

언어가 가지고 있는 참된 구조를 알기 어렵죠. 또 일상 언어의 문법적 구조가 반드시 논리적 구조를 반영하는 것은 아니기 때문에 언어가 가지고 있는 참된 구조를 알기 어렵죠. 따라서 언어가 지니는 참된 구조를 드러내는 다른 방식을 찾아야 할 것 같아요.

> 제논님, 많은 고민을 하셨나 봐요. 제 생각엔, 우선은 우리 언어가 지니는 언어 현상을 올바로 이해할 필요가 있을 것 같아요. 다음으로 우리 일상 언어 속에 숨어 있는 언어의 참된 논리적 구조를 명확하게 드러낼 수 있는 인공적인 언어를 만들어야겠죠. 이렇게 인공적으로 구성된 이상 언어는 기본적으로 진리 함수적 구조를 가지고 있겠죠. 지난번 나누었던 이야기에서처럼 말이죠. 음…… 세계의 구조가 인공 언어와 논리적 구조에서 같다면 우리는 진리 함수적 논리에 의해서 그 구조를 드러낼 수 있다…… 뭐 그렇게 정리할 수 있겠죠.

> 뫼비우스님, 그러기 위해서는 다음이 전제되어야 할 겁니다.

1) 인공 언어는 무한수의 단순 문장의 집합이다.

2) 단순 문장을 결합한 복합 문장의 진리치는 그것을 구성하는 단순 문장의 진리치를 밝힘으로써 결정할 수 있다.

3) 단순 문장의 진리치는 논리 외적 방법, 즉 경험적으로 단순 문장의 내용과 세계를 비교함으로써 성립하는데, 둘 사이의 일치 관계가 성립하면 그 단순 문장은 참이고 그렇지 않으면 거짓이 된다.

4) 세계는 이들 단순 문장과 일치하는 무한한 사실들로 구성된다.

5) 언어와 세계와의 이러한 지시적 관계를 전제하지 않는 한 우리는 세계에 대하여 어떠한 진술도 할 수 없다.

> 아무래도 그래야겠죠? 그러나 이러한 주장이 성립하기 위해서는 해결해야 할 몇 가지 어려운 문제들이 있습니다. 그중 가장 많은 논란을 일으켰던 것이, 제논님도 잘 아시다시피 동일성 문장과 지시하는 대상이 없는 언어적 표현들이 제기하는 문제입니다.

> 알고 있습니다.

이 부분은 설명이 필요하다. 다음의 두 문장을 보자.

1. 만해는 <님의 침묵>을 쓴 사람이다.
2. 만해는 만해다.

지시론에 따르면 언어적 의미는 그것이 지시하는 대상이 된다. 그렇다면 1과 2에서 '만해'가 지시하는 대상과 '<님의 침묵>을 쓴 사람'이 지시하는 대상은 동일하게 한용운을 가리키기 때문에 두 언어적 표현의 의미도 같게 된다. 따라서 1과 2는 동일한 문장이어야 한다. 그러나 이 둘은 사실 동일한 문장이 아니다. 왜냐하면 1은 '만해'에 대한 어떤 정보(국문학적 사실)를 제공하지만 2는 단순한 동어 반복으로 '만해'에 대한 아무런 정보도 제공하지 않기 때문이다.

어떻게 위와 같은 주장을 할 수 있는가? 프레게는 이러한 주장을 위해 언어적 표현의 의미와 지시체를 구분한다. 예를 들어 세 개의 선분 a, b, c가 한 점 P에서 교차한다고 가정하자. 이때 'a와 b의 교점', 'b와 c의 교점', 'c와 a의 교점'은 동일하게 한 점 P를 가리키고 있다. 그러나 'a와 b의 교점', 'b와 c의 교점', 'c와 a의 교점'은 서로 의미가 같지 않다. 만약 세 표현의 의미가 같다면 'a와 b의 교점은 b와 c의 교점과 같다'는 문장은 동어 반복이 될 것이다. 따라서 a, b, c가 만드는 각각의 선분은 동일한 하나의 선분이 되고 세 개의 서로 다른 선분의 교차점으로 성립했던 P점은 존재하지 않게 된다. 그러나 세 개의 서로 다른 선분이 존재하며 그에 따라 P점도 존재하며 이 문장은 실제로 세 개의 선분이 교차하는 점에 대하여 일정한 정보를 제공한다.

뫼비우스와 나는 이 부분에 대한 이야기를 일사천리로 진행시켰다.

몇 가지 서로 관점상의 이견이 있었지만, 여러분이 피곤해할까 봐 자세한 소개는 다음 기회로 미루고, 전체 논의를 위해 꼭 필요한 이야기만 정리해서 소개할까 한다. 아주 많은 이야기가 오고 간 관계로 잘 정리할 수 있을는지 모르겠지만.

위에서 한 설명을 이어서 계속 풀어 나가자면 이렇다. 프레게는 위와 같은 관점으로부터 나아가 '문장의 의미는 그것이 표현하는 것(보통 명제라고 하는데)이고 그것의 지시체는 진리치다'라고 주장한다. 이것은, 어떤 문장이 참일 때 그것의 지시체는 참이 되고, 그것이 거짓일 때 지시체는 거짓이 된다는 것을 의미한다. 그러나 만약 문장이 지시하는 것이 있다면 우리는 그것이 문장에 의해 표현되는 공통된 '생각된 것'이라고 여긴다. 따라서 문장의 지시체가 진리치라는 그의 주장이 쉽게 받아들일 만한 것은 아니다. 하지만 그는 한 문장의 지시체는 그 문장을 구성하는 언어적 표현들의 지시체의 함수가 되어야 한다고 믿었다. 따라서 같은 지시체를 갖는 두 개의 언어적 표현 중 하나를 다른 하나로 바꾸었을 때 그 문장의 지시체가 달라져서는 안 된다. 다음의 문장을 보자.

3. 만해는 시인이다.

4. <님의 침묵>을 쓴 사람은 시인이다.

'만해'와 '<님의 침묵>을 쓴 사람'은 동일한 지시체를 갖는다. 그러므로 3과 4는 진리치에는 변함이 없다. 그러나 3과 4에 의해 표현된 '생각된 것'은 사뭇 다르다. 이 때문에 프레게는 한 문장의 지시체는 그 문장의 진리치라고 주장한다.

프레게는 동일성 문장을 해명하기 위하여 의미와 지시체를 구분하려고 했지만 러셀은 지시론과 관련해서 동일성 문장이 제시하는 문제를 해결하기 위하여 지시체와 의미를 구분해야 할 필요는 없다고 생각하였다. 그 결과 러셀은 소위 기술(description) 이론이라고 불리는 것을 통하여 지시론을 유지하면서도 경험론적 요청에 부응하고 동일성 문장이 지니는 문제를 해결하려고 했다.

러셀의 기술 이론에 의하면 이름과 기술 어구가 우선 구별된다. 기술 어구는 우리가 직접적으로 알 수 있는 어떤 존재하는 대상의 이름이 아니라 보다 복잡한 구조를 가진 간접적인 지시의 표현으로서 불완전하다. 그리고 불완전한 표현은 기술 이론 방법을 통하여 직접적으로 주어질 수 있는 언어적 표현들로 완전히 번역될 수 있다. 예를 들어 위의 예문 3을 '<님의 침묵>을 쓴 사람'이라는 기술 어구를 포함하지 않은 다음과 같은 문장으로 번역할 수 있다.

1) 적어도 한 사람이 '님의 침묵'을 썼다. $(\exists x)Wx$

2) 기껏해야 한 사람이 '님의 침묵'을 썼다. $(y)(Wy \rightarrow (y=x))$

3) 그 사람이 만해다. $(\exists x)(Wx \& (y)(Wy \rightarrow (y=x)) \& x=m)$

내가 그에게 말했다.

> 뫼비우스님, 러셀은 이렇게 해서 의미와 지시체 문제를 해결했
다고 하지만, 그러나 여전히 문제는 남아 있는 것 같아요. 바로
이름만 있는 허구적 대상의 경우죠. 일례로 '도깨비', '일각수'와
같은 표현들이 지시하는 사실적 대상은 없지 않습니까? 하지만
이러한 표현들을 포함하는 문장들은 일상 언어에서 의미 있게
쓰이고 있습니다. 그렇다면 이러한 문제들은 어떻게 처리해야
할까요?
> 제논님, 우선 생각해 볼 수 있는 건 알렉시우스 마이농이 가졌던
해결책입니다. 마이농은 이러한 표현들이 가능적 대상들을 지시
한다고 하여 가능적 존재의 영역을 따로 설정하였습니다.
> 알고 있습니다. 그러나 마이농의 생각은 상식적인 현실 감각에
위배됩니다. 그래서 이에 대해 러셀은 전통적인 술어 논리가 다
음 두 형식의 문장을 동일한 논리적 구조를 가진 것으로 오해하
고 있다고 지적하고 있지 않습니까?

1. 김군은 대머리다.
2. 프랑스의 현재 왕은 대머리다.

여기서 '프랑스의 현재 왕'은 논리적 주어가 아니라 복잡한 기술
어구로 되어 있죠. 무엇이든 그것이 프랑스의 현재 왕이라면,

3. 프랑스의 현재 왕이라는 특성을 가진 x가 있으며 $(\exists x)Kx$

4. 오직 하나인 그러한 x가 있고 $(y)(Ky \rightarrow (y = x))$

5. 그 x는 대머리다. Bx

이렇게 풀어 놓을 수 있겠죠? 따라서 1과 2를 기호로 표시하면 '김 군은 대머리다'가 'Bk'로 표시되는 반면에 '프랑스 현재 왕은 대머리 다'는 '$(\exists x)(Kx \& (y)(Ky \rightarrow (y = x)) \& Bx)$'가 됩니다. 이때 이 문장들의 함수 들을 충족시켜 주는 어떤 값도 없으면 이 복합 문장의 진리치는 거짓 이 됩니다. 그러나 우리는 일상에서 이 문장을 여전히 의미 있는 문 장으로 사용하고 있습니다.

채팅에서 기호들은 때론 이모티콘과 같은 경우 의사소통의 재미를 주기도 하지만, 이러한 논리 기호들은 입력의 불편함과 짜증을 줄 때 도 있다.

> 명쾌한 정립입니다, 제논님.
> 뫼비우스님, 여기서 생각해 볼 수 있는 해법으로는 무엇이 있을 까요?
> 글쎄요. 우선 소박한 해법을 찾을 수 있을 텐데, 예를 들면 검증 이론 같은……
> 뫼비우스님, 그 말씀은 하나의 문장이 어떻게 분석적인 측면에 서가 아니라 인식적인 측면에서 의미가 있을 수 있는가라고 묻 고, 그에 대한 답을 찾아보자는 것인가요?
> 우선은 그렇죠. 그게 정답이라고 볼 수는 없겠지만 말이죠. 그래 서 소박한 해법이라는 표현을 사용한 거죠.

> 네, 그렇군요.

> 하나의 문장이 어떻게 분석적인 측면에서가 아니라 인식적인 측면에서 의미가 있을 수 있는가라는 질문에 논리실증주의자들은 검증 이론을 제안하면서 하나의 문장이 분석적이 아니고 인식적으로 의미 있는 것이 되기 위해 충족시켜야 하는 일련의 조건을 제시한 것은 아시죠?

> 네, 알고 있습니다. 하나의 문장이 인식적으로 의미 있는 것으로 되기 위해서는 그 문장은 유한수의 관찰 문장으로부터 논리적으로 도출될 수 있어야 한다, 그렇게 기억되는데요. 기억이 맞나?

> 제논님, 기억이 예리하시네요. 제논님의 말씀을 바탕으로 이야기를 풀면…… 예를 들어 '모든 사람은 죽는다'라는 문장이 인식적으로 의미 있는 것이라면 그것은 다음과 같은 추론 상황으로부터 논리적으로 도출될 수 있어야 하겠죠.

1. 사람 1은 죽었다.
2. 사람 2는 죽었다.
3. 사람 3은 죽었다.
……
……
n. 사람 n은 죽었다.

> 뫼비우스님, 그러나 이러한 의미 조건은 여러 가지 문제점을 안고 있습니다. 첫째, 검증 이론은 예를 들어 과학의 일반 법칙을 나타내는 전칭 문장들, 즉 '모든 A는 B다'와 같은 형식을 갖는 문

장을 인식적으로 의미 있는 영역으로부터 배제하는 결과를 낳았죠. 왜냐하면 '모든 까마귀는 검다'와 같은 문장을 검증할 수 있는 유한수의 관찰 문장의 집합이란 있을 수 없기 때문입니다.

> 제논님, 동의합니다.

> 둘째, 검증 원리의 의미 조건을 충족시키는 문장, 예를 들면 '이 펜은 검다'와 같은 문장과 충족시킬 수 없는 문장, 예를 들면 '역사는 신의 섭리다'와 같은 문장을 선접, 전문 용어군요……, 즉 '또는'으로 묶었을 때, 그러면 '이 펜이 검거나 또는 역사는 신의 섭리다'라는 복합문장이 될 텐데…… 그 복합 문장은 검증 원리의 의미조건을 충족시키지 못하는 문장을 포함하고 있기 때문에 검증 원리에 의해 의미 없는 것이 됩니다.

> 동의합니다, 제논님.

> 셋째, 의미 있는 문장을 부정했을 때 그 문장이 무의미한 문장으로 되는 우스꽝스러운 결과가 생깁니다. 예를 들어 '어떤 연필은 까맣다$((\exists x)Bx)$'를 부정하면 '어떤 연필도 까맣지 않다$(\sim(\exists x)\sim Bx \equiv (x)Bx)$'라는 전칭 문장이 되는데, 이는 앞서 보았듯이 검증 원리의 의미 조건을 충족시키지 못하는 의미 없는 문장이 됩니다. 왜냐하면 의미 있는 문장은 참 또는 거짓이어야 하고, 그것의 부정은 역시 거짓 또는 참인 의미 있는 문장이 되어야 하는데, 검증 이론에 따르면 전칭 문장은 의미 있는 문장에서 배제되기 때문입니다.

> 네, 맞습니다. 그래서 소박한 해법이라는 것이죠.

> 뫼비우스님, 그렇다면 제대로 된 해법은 무엇인가요?

> 좀 더 심도 있는 논의가 필요하겠죠.

> 그런가요?

> 네. 제가 전에 책을 하나 보냈잖아요. 제 생각엔 거기에 해결의 실마리가 있지 않나 생각됩니다만…….

> 역시 의도가 있는 선물이었군요. 뫼비우스님.

> 하하하. 좋은 의도니까 오해는 마세요.

> 이해합니다. 제 생각을 좀 더 정리해 봐야겠네요.

> 그러세요. 저도 좀 더 생각해 볼게요. 아직은 구체적이지 않아서 말이에요.

오늘은 결론을 내지 못했다. 이야기가 시작되면 대부분 마무리를 했었는데.

정말 구체적이지 않아서일까, 아니면 내가 받아들일 만한 능력이 아직 못 돼서 그렇게 말한 것일까. 그래도 한 가지 수확이라면 그와 논의를 주고받을 수 있게 되었다는 점이다.

물론 내용을 정리하고 언어에 대한 나름의 해석을 공유하는 수준이었지만, 그것만 해도 어디냐.

부모님과 동생이 들어왔다. 그들이 내게 보내는 싸늘한 시선이 부담스럽지만 기분은 좋았다.

PART 4
작은 수 법칙

우리는 논리의 장대한 흐름을 좇아가는 여정에서 마치 환상과도 같은 견해들, 논쟁 그리고 약간의 진실과 혼재되어 있는 터무니없는 의견들이 복잡하게 얽혀 있는 미로와 마주치게 된다. 어떻게 해야 할까? 주의를 기울여 집중해야 한다. 그렇지 않으면 논리의 도도한 물살에 휩쓸려 우리는 떠돌게 될지도 모른다. 흐름에서 벗어나라. 그러면 우리는 그 모든 견해들, 논쟁들 그리고 미로들로 인해 고통받지 않을 것이다.

자만은 금물이다. 확실히 자만은 금물이다. 그와 논의를 주고받을 수 있게 되었다는 것 때문에 한껏 기분이 좋았었는데, 그게 또 다른 벼랑으로 날 몰고 갈 줄이야.

그가 구체적으로 자기 생각을 정리하고자 했던 것은 맞는 말이었다. 다만 그 정리가 내 수준을 고려해서 내가 이해하기 쉽도록 설명하기 위한 배려였다는 점만 빼면 말이다. 그는 내가 생각하는 것 이상의 수준이었던 것이다.

견디기 힘들었다. 그러나 예전처럼 못 견딜 만한 충격은 아니었다. 이미 내 속에 내성이 생긴 때문이기도 하지만, 부끄럽게도 아직도 버리지 못한 자만의 결과라는 것을 인정할 수밖에 없기 때문이다.

어느새 방학도 끝나고 모의고사를 치르는 때가 되었다.

그간 조교 형의 도움과 나름의 노력 덕분에 성적이 많이 좋아졌다. 그 사이 대인 관계도 조금은 넓어져서 새로 친한 친구들도 생겼다. 그 친구들과 같이 시험공부도 하면서 시험에 대한 자신감도 느껴지기 시작했다.

그런데 한 가지 이상한 것은 그토록 하기 싫었던 학교 공부에 점차 흥미가 붙기 시작했다는 것이다. 그리고 그에 따라 성적 향상도 가속도가 붙기 시작했다는 것이다. 조교 형의 개인교습이나 친구들과의 스터디 그리고 내 나름의 노력이 주요 이유이겠지만, 그것만이라고 하기에는 뭔가 부족했다. 도대체 또 다른 이유가 뭘까?

문득 깨달은 생각인데, 언제부턴가 교과서나 참고서 혹은 책에 대한 내 이해력이 눈에 띄게 좋아졌다는 것이다. 사람들이 하는 이야기들이 어렵다고 느껴지지 않고 자연스럽게 이해가 되고, 주어진 문제들이 쉽게 파악되기 시작했다는 것이다.

그렇다. 그 시기가 대략 뫼비우스를 만나고 내 생활태도가 바뀌면서부터였던 것이다. 나도 모르게, 저절로 내 학습 능력이나 이해 능력이 높아졌다고나 할까.

오호, 이럴 수가. 이렇게 고마울 수가.

날아갈 듯한 기분이다.

친구들에게서 시험에 관한 자료를 넘겨받은 뒤 삼촌 연구실로 왔다. 조교 형들과 누나들은 새 학기 준비를 하느라 정신없이 분주했다. 나는 조용히 여기저기서 날아든 삼촌의 이메일을 체크하고, 삼촌에게 정리된 이메일을 보내고 있었다.

그가 들어왔다.

몇 마디 인사를 나누고, 우린 다시 이야기를 시작했다.

수험생이 시험 준비는 안 하고 채팅에 빠져 있다고 생각한 조교 형들이 나를 나무란다. 나는 그냥 아무 말 없이 미소를 지으며 채팅에 빠져든다. 내가 누구인가? 그런 나무람에 틈을 빼앗길 내가 아니지 않는가.

> 뫼비우스님, 생각이 좀 구체화되셨나요?

> 네. 어느 정도는……. 제논님은요?

> 저야, 뭐……. 지난번 나눈 이야기에서 별로 진전을 이루지 못했습니다.

> 겸손하시긴.

> 그래, 구체화된 생각 좀 이야기해 주세요.

> 하하하. 그러죠.

> 감사합니다.

> 제논님, 제가 파악하고 있는 바로는, 우리가 사용하고 있는 논리가 진정한 논리인지도 문제지만 인간은 자신의 논리적 능력에 대해 지나치게 과신하는 경향이 있지 않나 하는 것입니다. 그래서 이러한 경향 때문에 우리는 종종 이상한 실수를 하는 것은 아닐까라는 생각을 하게 되었습니다.

> 과신하는 경향이라 함은?

> 예를 들어, 합리적인 믿음은 가정과 증거 사이에 성립하는 논리적이고 확률적인 관계를 다룹니다. 이것은 한 믿음이 합리적이기 위해서는 그 믿음이 증거로부터 논리적으로 연역되거나 높은 확률적 지지를 받아야 한다는 것을 의미합니다. 그러나 이런 측면에서 인간의 논리적 능력은 얼마나 강할까요?

> 글쎄요? 생각해 본 적이 없어서…….

> 제가 제논님과 이야기를 나눈 후 생각을 정리하면서 이런저런 책과 논문을 읽다가 재미있는 실험 결과를 하나 발견했습니다.

논리적 능력과 관련해서 랜스 립스와 샌드라 마커스라는 사람이 행한 실험인데요, 그 결과가 흥미롭더군요.

> 어떤 실험인데요?

> 제논님, 혹시 ≪퀴즈 100인에게 물어봅시다≫라는 텔레비전 프로그램 기억나시나요?

> ≪퀴즈 100인에게 물어봅시다≫?

> 100명의 사람에게 뭔가를 물어보고, 순위별로 나타난 응답을 출연자들이 맞추는 그런 프로그램 말이에요?

> 아, 기억나요. 한때 ≪야심만만≫인가 하는 텔레비전 프로그램에서 하더군요.

> 네, 그렇죠. 립스와 마커스의 실험을 그런 프로그램과 비교하시면 상상이 가실 거예요.

> 네.

> 제논님, 립스와 마커스는 조건문을 기초로 하는 다음의 네 가지 논증 형식을 주고 각각의 타당성에 대한 판정을 물었습니다.[3]

1) 전건 긍정 형식: p이면 q이다. p이다. 따라서 q이다.
2) 후건 부정 형식: p이면 q이다. ~q이다. 따라서 ~p이다.
3) 전건 부정 형식: p이면 q이다. ~p이다. 따라서 ~q이다.
4) 후건 긍정 형식: p이면 q이다. q이다. 따라서 p이다.

결과를 살펴보면 1)에 대해서는 피험자들 모두가 타당하다고 응답했고, 2)에 대해서는 피험자들 중 57%가 타당하다고 응답

3) A. I. 골드먼(석봉래 역), ≪철학과 인지과학≫, 서광사, 1998, pp.27-28.

했고, 3)에 대해서는 23%가 타당하다고 응답했으며, 4)에 대해서는 21%가 타당하다고 응답했습니다.

> 정말입니까?

> 그럼요, 정말이지 않고요. 그런데 제논님도 잘 아시다시피, 1)과 2)는 법칙으로서 타당하지만 3)과 4)는 오류로서 타당하지 않잖아요.

> 그러게요. 그리고 일반적으로는 타당한 논증과 타당하지 않은 논증을 구분해서 가르치는 거 같던데요.

> 바로 그겁니다. 보통은 그렇게 하죠. 그런데 그 타당성 여부를 묻는 이런 실험을 하면 원초적인 결과를 얻을 수 있죠. 여하튼 이 실험 결과에 따르면 인간은 논리가 무엇인지에 대해 잘 모른다는 결론을 끌어낼 수 있습니다.

> 그렇군요.

> 제논님, 또 하나의 결론은 인간은 자신의 논리적 능력에 대해 지나치게 과신하고 있다는 것입니다.

그렇다. 대부분의 학교에서는 논리학을 가르치지도 않거니와 그나마 논리학을 가르치는 경우에도 단순히 타당한 논증과 타당하지 않은 논증을 구분하고 가르칠 뿐이다. 그리고 그것을 증명할 뿐이다. 그런데 이 실험에 따르면 사람들이 왜 틀린 논증 형식을 '맞다'고 선택하는지를 알 수 있다. 왜 삼촌은 내게 이런 것을 가르쳐 주지 않았을까?

> 제논님, 립스는 더 나아가서 사람의 논리적 능력을 구체적으로 조사하기 위해 레이먼드 스멀리안이 만든 기사와 하인의 퍼즐

을 이용합니다.[4] 퍼즐의 내용은 이렇습니다. "어떤 섬에 항상 참말만 하는 기사와 항상 거짓말만 하는 하인들로만 구성된 마을이 있었다. 그런데 참말만을 하거나 거짓말만 하는 습관을 빼고는 기사와 하인을 구분할 방법이 아무것도 없다. 문제는 둘 혹은 그 이상의 주민들이 하는 대화를 듣고 기사와 하인을 구분하는 것이다. 예를 들어 A, B, C의 세 주민이 대화를 나눈다. 단 이들 중 두 사람이 기사거나 두 사람이 하인이다. A와 B는 다음처럼 말한다.

A: B는 겁쟁이다.
B: A와 C는 같은 편이다.

과연 이때 C는 기사인가 하인인가?"

> 저도 그 퍼즐은 알고 있어요. 이 문제에 대한 해답은 의외로 간단합니다. 먼저 A가 기사라고 가정할 때 A가 말하는 것은 참이 되므로 B는 하인이 됩니다. 그러나 B가 하인이라면 그는 거짓말을 합니다. 그렇다면 A와 C는 같은 편이 될 수 없겠죠. 따라서 가정에 따라 C는 하인이 됩니다. 이번에는 A가 하인이라고 해보죠. 이 경우 A의 진술은 거짓이 되고 따라서 B는 기사가 되고 그의 진술은 참이 됩니다. 그렇다면 A와 C는 하인으로서 같은 편에 속하게 됩니다. 따라서 A를 누구로 가정하든 상관없이 C는 하인이 됩니다.

> 네. 퍼즐의 해법은 그렇죠. 제논님, 그런데 질문의 방향을 바꾸

---

4) A. I. 골드먼(석봉래 역), 《철학과 인지과학》, 서광사, 1998, pp.28-29.

어 봅시다.

> 어떻게요?

> 이 문제를 일반인들에게 풀게 했을 경우 사람들이 문제를 해결할 확률은 얼마나 될까요?

> 글쎄요. 그런 식의 의문을 가져본 적이 없어서.

> 립스는 이 문제를 일반인들에게 제시하고 풀게 했습니다. 피험자는 모두 34명. 이들 중 10명은 실험 시작 15분이 조금 지나서 문제 풀기를 중단했고, 그들이 그동안 푼 문제 해결률은 2.5%에 불과했답니다. 그룹 전체의 결과를 보았을 때 문제 해결률은 고작 20%에 불과했답니다. 가장 못한 피험자는 제시된 문제 해결을 전혀 진행시키지 못하였고, 가장 잘한 피험자는 84%를 진행했답니다.[5] 물론 문제를 유난히 잘 푸는 사람이 있을 수도 있고 못 푸는 사람이 있을 수도 있습니다. 그러나 이 실험 결과를 보면 인간의 논리적 추론 능력과 논리적 추론 능력을 활용하는 능력에 문제가 있음을 알 수 있습니다.

> 그렇겠네요. 그런데 왜 이런 일이 벌어지는 것입니까?

> 먼저 사람들이 자연 연역 형식의 논리적 추론 규칙들을 가지고 있는 것처럼 보이기는 하지만 그것을 사용하는 효율적인 방식을 모르기 때문이라는 이유를 댈 수 있을 것 같아요. 다음으로 사람들이 문제들을 체계적으로 풀어 나가는 방법을 가지고 있지 않았기 때문이라는 이유를 댈 수 있을 것 같아요. 또 사람들은 주어진 틀 내에서만 생각하기 때문에 다른 방식의 사고를 하지 못

---

5) A. I. 골드먼(석봉래 역), 《철학과 인지과학》, 서광사, 1998, pp.27-28.

하는 습성이 있기 때문이라는 이유를 댈 수 있을 것 같아요.

> 그 말이 의미하는 것은 무엇입니까?

> 여러 가지 해석이 있을 수 있겠습니다만, 분명한 것은 인간이 자
신의 논리적 능력을 제대로 활용하고 있지 못하다는 것이겠죠.

충격이다. 적어도 최고의 철학교수, 논리학교수에게서 제대로 철학과 논리학을 배웠다고 자신했는데. 그래서 오만하기까지 했는데. 삼촌은 왜 이런 것을 가르쳐 주지 않았을까.

이런 부분에 대해 알지 못했다는 충격, 단순히 그런 글이나 책을 읽지 못했다거나 그런 이야기를 듣지 못했다는 점에서가 아니라 왜 그런 의문을 갖지 못했는가, 하는 데서 오는 충격.

한발 다가섰다 생각하면 그는 한발 멀리 가 있다.

조교 형들이 일이 끝났음을 알리고, 저녁 먹으러 가자고 한다.

나는 그냥 연구실에서 남아서 공부를 좀 더 하다가 집에 가겠다고 말하고, 형들은 저녁 회식 자리로 떠난다. 그리고 나는 다시 뫼비우스와 만난다.

> 놀랍습니다, 뫼비우스님. 님을 만나면서 늘 느끼던 놀라움이지
만, 오늘은 좀 더 심하게 느껴지는군요.

> 그러지 마세요. 그러면 제가 이야기를 할 수 없잖아요.

> 아닙니다, 뫼비우스님. 정말 대단하세요. 그 대단함 앞에 부끄러
울 뿐입니다.

> 너무 그러지 마세요. 우린 좋은 친구잖아요. 대화 파트너이자 진
리 탐구의 동반자고.

친구라…… 대화 파트너라…… 진리 탐구의 동반자라…….

멋진 말이다. 그러나 그 말이 위로가 될 순 없었다. 부끄러움은 상처로 남는다. 이미 깊게 박힌 내 상처가 그 말로 치유될 수는 없는 것이다.

엄연히 그는 스승으로서 내 앞에 우뚝 서 있고, 나는 제자로서 그 앞에 왜소하게 서 있다.

감정 처리가 쉽지 않을 듯싶다. 하지만 어쩌랴. 그렇다고 여기까지 온 마당에 주저앉을 수는 없지 않은가. 좀 더 견디어 보자.

> 그래요. 뫼비우스님, 그렇게 생각해 주시니까 고맙네요. 하지만…….
> 하지만 뭐죠?
> 아닙니다. 이야기를 계속하시죠.
> 그럴까요, 제논님? 이번에는 우리들이 가지고 있는 선천적인 논리적 추론 경향들에 대해서 살펴보도록 하죠. 우리는 종종 공사 중 표시 기호에서 혹은 거리의 광고판에서 어떤 것을 가리키는 화살표가 실제로 움직이는 듯한 착시 현상을 종종 경험하곤 합니다. 보통 파이(phi) 효과라고 하는 것이죠.
> 뭔지 알겠어요. 지하철 도착을 알리는 표지판이나 도로 공사를 알리는 표지판 혹은 빌딩 옥외 광고에서 자주 봤어요.
> 이것은 실제로 화살표가 움직이면서 무언가 목적하는 바를 가리키고 있는 것처럼 보이지만 사실은 수많은 전구들이 꺼졌다 켜졌다 하는 일만이 벌어지고 있을 뿐입니다. 그러나 우리는 화살표의 움직임이 환상이라는 것을 알면서도 혹은 움직이는 것이

아무것도 없다는 것을 알면서도 어쩔 수 없이 움직임의 인상을 갖게 되죠.

> 네, 움직이고 있다는 인상을 갖게 되죠. 만화나 영화도 같은 원리 아닌가요?

> 네, 맞습니다. 제논님, 우리는 이런 환상을 통해서 우리가 시각 정보를 처리하는 논리적 방식에 대한 중요한 결과를 알게 됩니다. 그것은 바로 우리가 '대상의 항구성'이라는 뿌리 깊은 편견을 가지고 있다는 것입니다.

> 대상의 항구성이라는 편견이라면?

> 예를 들어 A라는 크기를 갖고 있는 물리적 대상이 우리 환경 속에 존재한다고 전제하고, 그렇게 해석되는 것을 도와주는 감각 자극이 있다면, 우리는 B라는 크기를 갖고 있는 물리적 대상에 대해서도 A라는 크기를 갖고 있는 물리적 대상으로 해석하는 경향이 있습니다. 그런데 감각 자극을 그런 식으로 해석하는 것은 일종의 편견이죠.

> 뫼비우스님, 이해하기가 좀…… 그렇긴 하지만?

> …….

> 뫼비우스님, 그렇다면 사실이 자주 왜곡될 수도 있단 말이네요?

> 그렇죠. 그러나 제논님, 그럼에도 불구하고, 우리는, 시각 정보 처리 업무를 진행할 때, 대상의 항구성을 가정하지 않을 때보다 대상의 항구성을 가정할 때 더 빠르고 쉽게 처리할 뿐만 아니라 대상의 항구성을 가정하지 않을 때는 불가능했던 일을 가능하도록 만들기까지 한다고 믿기까지 합니다.

> ???

> 어떻게 보면 환경에 대하여 그런 편견이 전혀 없이 우리 시각
  자극에 질서를 부여하려고 노력하는 것은 정보 처리 업무를 아
  주 복잡하게 만드는 일입니다. 그래서 사람들은 파이 현상에서
  생기는 착오 같은 것은 우리가 표준적인 조건에서 정보를 처리
  할 수 있게 속도와 정확성을 주는 대신에 생기는 작은 대가 혹
  은 희생이라고 생각하도록 강요하죠. 그 결과 시각적 환상이 우
  리의 지각을 믿을 수 없게 만드는 원인이라고 생각하는 것은 잘
  못이라는 주장이라고까지 합니다. 이 주장은 그런 환상들은 지
  각을 못 믿게 만드는 원인이기는커녕 오히려 우리 지각이 얼마
  나 잘 믿을 수 있는 것인가를 설명해 준다는 확신으로 이어지기
  도 하죠.

> 그런가요? 이해하기 어렵군요. 그런데 그렇게 확신하면 안 되나요?

> 안 되죠, 제논님. 왜냐하면 그것은 분명 잘못된 확신이기 때문입
  니다. 그러나 이 잘못된 확신을 다르게 보면 우리는 아주 색다른
  결론에 도달할 수 있습니다.

> 어떤?

> 예를 들어 이러한 무리한 판단을 인간의 논리적 추론 성향과 관
  련시켜 보죠. 추측해 보면 이러한 무리한 판단이 인간의 논리적
  추론 성향과 맞물릴 때는 논리의 특성상 세계에 대한 아주 왜곡
  된 해석이 나올 것 같습니다. 그러나 의외의 결과가 나온답니다.

> 의외의 결과라면?

> 제논님, 보통 좋은 통계적 추론이라면 표본의 크기가 작으면 작
  을수록 그 표본의 대표성이 의심스럽게 되겠죠?

> 네. 일반적으로 그렇죠. 그래서 표본의 크기를 크게 잡으려고 하죠.

> 그런데 만약 그게 일종의 착각이라면 말이죠……. 어떨까요?

> 뫼비우스님, 착각이라는 건?

> 그러니까 반드시 표본의 크기를 크게 잡아야만 하는 것은 아니다, 즉 표본의 크기를 작게 잡아도 별다른 문제가 생기지 않을 수 있다면?

> 뫼비우스님, 그렇다면 확률에 대한 어떤 믿음이 무너지겠죠.

> 제논님, 과연 그럴까요? 오히려 확률에 대해 좀 더 정확한 이해가 되는 것은 아닐까요?

> 글쎄요.

> 제논님, 힐러리 콘블리스가 ≪귀납추론과 그 자연적 근거≫6)에서 다루고 있는 몇 가지 실험을 예로 들어 볼게요. 우선 아모스 트버스키와 대니얼 카네만이 행한 실험에 따르면, 피실험자들은 모집단에 대해서 확실하게 결론을 내릴 수 있는 통계적 근거가 있을 정도로 표본의 크기가 크지 않을 때도 그런 결론을 내린다는군요. 더구나 그들은 기준보다 작은 표본에 근거해서 모집단에 대해 결론을 내린 다음에 그 모집단의 다른 작은 표본들도 비슷한 특성을 보일 것이라고 기대하기까지 합니다. 이것은 작은 수 법칙이 큰 수 법칙에 못지않은 확률적 힘을 갖게 된다는 것을 의미합니다.

> 네. 그런데 처음 접하는 이야기라서…… 이해하기가…… 좀…….

> 이해를 돕기 위해 다른 경우를 하나 더 살펴보죠. 리차드 니스벳과 리 로스의 보고에 따르면 생생하게 기술된 경험이나 생생한

---

6) H. Kornblith, ≪Inductive Inference and Its Natural Ground≫, A Bradford Book/The MIT Press, 1993.

경험들은 그 경우가 몇 개 되지 않더라도 또 어떤 경우에는 단한 개의 생생한 사례만으로도 사람들의 추론에 엄청난 영향을 끼친다고 합니다. 이것은 더 많은 경우들 더 많은 주장적 내용들이 있음에도 덜 생생하게 제시된 통계학 정보는 우리 판단에 그만큼의 영향을 끼치지 못한다는 것을 의미합니다.

> 뫼비우스님, 그 말은 결론이 아주 중요한 추론이라면 생생한 자료는 왜곡하는 효과가 배가될 수도 있다는 말이 되겠네요?

> 네, 제논님, 바로 그렇습니다. 예를 들면 생활 보호 대상자들에 대한 여론을 환기시키기 위해서는 생활 보호 대상자에 대해 여러 가지 통계 정보를 조사해서 보고하는 것보다는 생활 보호 대상자를 꼭 대표하지 못하는 경우라도 생생한 모습을 보여 줄 수 있는 경우를 보여 주는 것이 더 낫다는 말이죠.

> 그럴 수 있겠네요, 뫼비우스님. 생생한 정보는 이미 지니고 있는 정보를 강화하는 데 영향을 끼칠 뿐만 아니라 믿음을 새로 만들어 내는 데도 상당히 영향을 끼칠 수 있을 테니까 말입니다. 정말 그럴 수 있겠네요.

> 바로 그겁니다. 제논님. 실제로 암을 미리 검진하는 것이 중요하다는 통계를 내놓을 때는 꼼짝도 안 하던 사람들이 1974년 당시 미국의 대통령과 부통령의 영부인이 모두 유방암으로 유방 제거 수술을 받아야 한다고 하자, 그 많은 사람들이 당장 암 진단을 받겠다고 병원으로 몰려들었던 일이 있었지요.

> 이해할 수 있어요. 담배를 끊으라고 그렇게 권하고, 담배로 인한 질병의 위험을 그렇게 떠들어도 듣지 않던 사람들이 코미디언 이주일 씨가 돌아가시기 전에 초췌한 모습으로 담배의 나쁜 영향에

대해 언급하자 바로 금연이 사회 현상으로 번진 적이 있었죠.

> 제논님, 이렇게 단 하나의 생생한 정보가 통계적 정보보다 귀납
추론에 더 영향을 끼칠 수 있다는 사실은 통상적인 큰 수 법칙
을 어기는 것이라고 볼 수 있겠죠.

> 네. 이제야 이해가 됩니다. 확률 통계에서 보면 통계적 표본이
큰 경우, 즉 큰 수 법칙을 받아들여야만 된다고 사람들은 생각
하잖아요. 그게 아니라는 거죠?

> 그렇습니다, 제논님.

> 뫼비우스님, 그렇다면 이런 경향들을 어떻게 평가해야 하는 것
입니까?

> 좋은 지적이십니다. 시의 적절하게. 여기서 우리는 두 가지를 고
려할 수 있습니다. 첫째, 작은 수 법칙에 따라 생긴 예측은 좋은
예측인가 아니면 나쁜 예측인가? 둘째, 제대로 된 통계적 추론을
합당한 추론이라고 여기고 그 추론을 기준으로 삼아 우리가 하
는 추론을 잘못된 추론이라고 하는데 과연 어떤 근거로 그렇게
말할 수 있는가?

> 네.

머리가 아프다. 더 받아들이기에는 내 처리 능력이 한계에 다다른
듯싶다. 아니 솔직히 말하면 피하고 싶은 것이다. 그러나 어떻게 자리
를 피할 것인가? 그렇다고 피한 뒤에 어떻게 그를 다시 볼 것인가?
하지만 말은 때로 생각을 앞지르는 법. 나는 예의 핑곗거리를 만든다.

> 뫼비우스님, 죄송한데요……

> 네.

> 오늘은 제가 먼저 가 봐야 할 것 같네요. 이야기를 더 듣고 싶은
  데, 오늘 친구들이랑 스터디 약속이 있어서요.

> 아, 네. 나중에 뵙죠.

> 고마워요. 그럼 나중에 뵙죠.

연구실을 정리하고, 집으로 가는 내 모습이 무척이나 초췌하고 불
쌍하다는 생각이 들었다. 누군가 내 속마음을 읽은 이가 있다면, 얼마
나 난처했을까.

하늘은 맑기만 하고, 날은 더없이 청량한데, 내 머리가 무겁고, 내
걸음이 무겁다.

나는 당당하지 못하다.

누구 앞에서든 나는 당당하지 못할 듯싶다.

상식적인 관점에서 보자면, 표본이 많으면 많을수록 더 정확한 데
이터를 얻을 수 있을 것이다. 그러나 실질적으로 표본이 적은 경우와
별다른 의미 있는 차이를 느낄 수 없을 정도의 결과치가 나온다? 이
것은 확실히 예측하지 못한 일이다.

뫼비우스가 들려준 이야기는 작은 수 법칙에 따라 생긴 예측이 최
선의 통계 법칙보다 못하지는 않다는 것이다. 그렇다면 사람들은 실
제로는 오히려 작은 수 법칙을 종종 더 선호하는 경향을 보일 수 있
다. 게다가 정보를 얻는 데 드는 비용이 절약된다는 점을 감안한다면
표본이 큰 경우보다 신빙성이 좀 떨어진다는 것을 참작하더라도 작
은 수 법칙에 대한 선호는 큰 이득이 되는 경우가 많을 것이다.

통계에 대한 혼란이 어느 정도 가라앉을 즈음. 사실은 모의고사 때

문에 잠시 잊고 있었던 것인지도 모르지만, 그 모의고사도 끝났다. 이전보다 훨씬 좋은 성적을 얻을 수 있을 것 같아 기분이 좋았다.

그때 뫼비우스가 찾아왔다.

> 지난번 친구들과의 스터디는 재미있었나요?
> 아, 네.

처음이다. 그가 내 일상에 대해 물은 것은. 그냥저냥 인사만 나누었지, 이렇게 구체적인 일상을 기억하고 관심을 보인 것은 처음이었다.

> 뫼비우스님, 지난번 이야기를 계속해 주세요.
> 그럴까요? 콘블리스가 ≪귀납추론과 그 자연적 근거≫에서 다루고 있는 내용을 바탕으로 진행해 보도록 하죠.[7] 예를 들어 항아리에 검은 공이 10%, 흰 공이 90% 들어 있다고 합시다. 아미도 제논님은 검은 공이 흰 공보다 많을 경우에는 다음에 꺼낼 공이 확률상 검은 공일 거라고 예측하겠죠? 그런데 지금은 흰 공이 더 많다는 것을 알고 있기 때문에 그 공이 흰 공일 것이라고 예측하겠죠.
> 그렇죠, 확률의 문제인 경우는.
> 자, 그럼 제논님, 제가 공 하나를 꺼내 보아 항아리에 들어 있는 대부분의 공들이 그 공과 같은 빛깔일 것이라고 성급하게 일반화해서 다음에 꺼낼 공도 그 빛깔일 것이라고 예측한다고 하죠.

---

7) H. Kornblith, ≪Inductive Inference and Its Natural Ground≫, A Bradford Book/The MIT Press, 1993, pp.91-92.

그리고 제논님, 당신은 통계 추론의 원리에 맞게 예측을 하고, 저는 그렇지 않다고 합시다. 과연 이 경우 누가 더 성공적으로 예측한 것일까요?

> 상식적이라면 제가 더 성공적인 예측을 한 것이겠죠.

> 그런데 과연 그럴까요? 가끔 상식이 우리의 영혼을 파먹을 때도 있죠. 계산을 해 보면 제논님이 맞을 확률은 90%이고, 제가 맞을 확률은 ((90%×90%)+(10%×10%))=82%가 될 것입니다. 둘 다 맞을 확률은 81%고, 제논님이 맞고 제가 틀릴 확률은 고작 9%입니다. 그 차이란 게 생각보다 그렇게 크지 않죠?

> 글쎄요, 그 정도의 차이면 적은 차이가 아니라고 보이는데…….

> 그럴 수도 있겠죠. 이번에는 항아리에 흰 공과 검은 공이 반반씩 들어 있다고 해 보죠. 그러면 제논님은 여전히 검은 공이 흰 공보다 많을 경우에만 다음에 꺼낼 공이 검은 공이라고 예측하기 때문에 다음 공은 흰 공일 것이라고 예측합니다. 그러니까 맞을 확률은 50%가 됩니다. 그런데 저의 예측도 ((50%×50%)+(5)%×50%))=50%는 맞을 것입니다. 이 경우 제가 검은 공이라고 예측한다면 각자가 맞을 확률은 똑같이 반반이 되겠죠. 통계적으로 타당하게 예측을 한다고 해서 이득을 볼 게 하나도 없죠.

> 어디, 이거 혼란스러워서…… 원…….

> 혼란스러운가요? 그럼 어느 정도 제 의도가 성공한 거 같네요.

> 뫼비우스님은 늘 저를 혼란 속에 빠뜨리시는군요.

> 그랬나요?

> 네.

> 여하튼 지난번 언급했던 트버스키와 카네만이 작은 수 법칙에

근거한 추론보다 큰 수 법칙에 근거한 추론이 당연히 더 타당하다고 주장하는 데는 나름 이유가 있어요.

> 어떤 이유죠? 뫼비우스님?

> 통계적 추론의 원리에 의거하면 큰 수 법칙에 근거한 추론이 작은 수 법칙에 근거한 추론보다 더 신빙성이 높다고 말해 주기 때문이죠. 그러나 여기서 궁금증이 생기죠. 아름다운 회의가 일어나는 것입니다. 그렇다면 왜 우리는 통계적 추론의 원리를 적합한 표준으로 삼아야 하는가 하는 아주 아름다운 회의 말이죠.

> 뫼비우스님, 저는 그런 의심을 못 해 봤어요. 당연히 성립하는 것이라 생각했죠.

> 대부분의 사람들이 그렇게 생각했을 것입니다.

대부분의 사람들이 그랬다?

나는 특별하고 싶었다. 다른 사람들과 다른 그 무엇이고 싶었다. 철학에 대해 사람들이 갖고 있는 선망이나 동경. 어쩌면 나는 그것을 먹고 살았는지도 모른다. 그런데 지금의 나는 대부분의 사람들 중 하나일 뿐이다. 적어도 뫼비우스 앞에서는 말이다.

> 제논님, 이제 제가 무슨 말을 하려는지 감이 오나요?

> 글쎄요. 아직은.

> 제논님, 음…… 이게 성립한다면, 이제 인간이 작은 수 법칙을 따르는 강한 경향이 있다고 말한다고 해서, 어떤 사람이 어떤 개체가 어떤 기술을 만족한다고 믿을 때마다 그 사람이 자연스럽게 그 개체와 같은 유형인 모든 개체들이 그 기술을 만족한다

고 믿지는 않을 것이라는 이야기죠.

> 뫼비우스님, 너무 빨라요. 이해할 시간을 주셔야죠.

> 죄송합니다, 제논님. 저도 모르게 들떠 있었나 봐요. 그러니까 가령 오리너구리를 처음 본 사람이 모든 오리너구리가 방금 그가 본 특징을 모두 가지고 있다고 말하지는 않을 것이라는 이야기죠. 이것은 인간은 아무것이나 모두 투사하는 경향을 가지고 있지 않다는 것을 의미합니다.

> 그 말은, 예를 들어 오리너구리 한 마리가 동물원에 있다고 해서 모든 오리너구리가 동물원에 있다고 추론하지는 않는다, 뭐 그런 말씀입니까?

> 그렇죠. 그렇게 우리는 어떤 것은 투사하고 어떤 것은 투사하지 않는 경향이 있다는 것입니다.

> 뫼비우스님, 그런데 특정 경우에 어떤 것을 투사하고 어떤 것은 투사하지 말아야 하는가는 어떻게 결정하나요?

> 참, 예리하십니다. 그냥 넘어가시는 법이 없네요. 특정 경우에 어떤 것을 투사하고 어떤 것은 투사하지 말아야 하는가 하는 문제는 분명 중요하고 또 어려운 문제죠. 그런데 그것은 철학의 문제라기보다는 과학, 특히 심리학의 연구 과제라고 볼 수 있죠. 아마도 작은 수 법칙은 그 연구 과제를 전혀 도와주지 않을 듯싶네요. 작은 수 법칙은 우리가 어떤 것을 투사하는 경우에 아주 작은 표본에 근거해서 그런 투사를 하는 경향이 있다는 것을 말해 줄 뿐입니다. 덧붙여 인간이 갖고 있는 정형화된 틀들이 사실은 근거가 매우 취약하다는 것을 말해 줄 뿐입니다.

> 심리학과의 역할 분담인가요?

> 남의 밥그릇을 빼앗지 않겠다는 의도겠죠. 하하하. 농담입니다.

　적어도 지금의 대화를 다른 사람이 들으면 그를 교수로, 나를 호기심 많은 학생으로 착각을 했을 것이다. 그와 대화를 하다 보면 나는 아주 충실한 학생임을 느낀다. 그와의 대화 속에서는 내가 누구라는 게 별로 중요하지 않지만, 드문드문 그런 생각이 떠올라 나를 당황하게 만든다.
　아직도 내게는 버려야 할 것들이 너무 많다.

> 제논님, 그러나 이것은 그 자체만으로는 그런 경향의 신빙성에 대해 아무것도 말해 주지 않고 있죠. 만약 모집단이 균일성이 있다면, 우리는 작은 수의 법칙에 따라 추론을 하고, 그러면 작은 수 법칙은 신빙성이 있으며 효율적인 것이 될 것입니다. 그 반면에 모집단의 균일성에 대해 모르거나 대표성이 없는 것을 투사한다면, 작은 수 법칙에 따라 한 행동은 잘못된 믿음을 낳게 됩니다. 따라서 작은 수 법칙에 따라 추론하는 것이 좋은 통계 추론의 표준을 어긴다는 사실은 우리가 그런 경향의 도움을 얼마나 잘 받느냐를 평가하느냐는 문제와는 무관하다는 것이죠.
> 뫼비우스님, 그 말은 곧 좋은 통계 추론의 표준을 어겨도 우리는 그런 경향의 도움을 받을 수 있다는 이야기가 되는 겁니까?
> 네, 그렇습니다, 제논님. 이 경향이 주는 효과는 우리가 투사하는 것들의 설명이나 투사하는 상황에 의존해서 평가해야만 합니다. 즉 이 경향이 우리에게 얼마나 도움을 주느냐는 상황에 따라 다른 것이지, 늘 똑같이 좋은 통계 추론의 표준을 어긴다

고 말할 수는 없는 것이겠죠.

> 뫼비우스님, 그것은 우리가 투사하는 것이 전체 모집단을 대표하는 속성을 집어내는 경우가 아닌데도 작은 표본에 근거해서 모집단에 대해 적절한 환경의 특성들에 완전히 민감하지 못하다는 것을 보여 주는 거 아닙니까? 이렇게 보면 귀납 추론이 지식을 모으는 다른 방법과 다를 것이 아무것도 없지 않겠어요?

> 제논님, 바로 그겁니다. 우리는 우리 환경에 대해서 완전하게 민감하지 못하답니다. 그렇다면 우리의 착오들이 우리가 환경의 적절한 특징들에 전적으로 민감하지 못하다는 것을 보여 주는 것인지 아니면 그런 중요한 특성들에 우리가 거칠게나마 반응한다는 것을 보여 주는 것인지 알아볼 필요가 있겠죠? 눈치를 채셨겠지만, 저는 낙관적으로 생각할 근거, 즉 환경의 특성들에 우리가 거칠게나마 반응한다는 것을 주장하고자 합니다.

자신 있다는 이야기인가?

그의 어투에서 약간의 흥분이 느껴진다. 이전의 그에게서는 느껴보지 못한 모습이다. 차분하고, 어떤 때는 지나치다 싶을 정도로 냉정한 그였는데.

> 제논님, 자연 속의 실재종, 예를 들면 나무, 새, 바위 등등 직관적으로 파악하여 우리의 귀납 추론들이 이루어진다면, 그리고 우리가 종들의 본질이라고 직관적으로 파악하는 특성들을 투사한다면, 작은 수 법칙에 따라 추론을 하는 경향은 아주 쓸모가 많답니다. 우리 개념과 추론 경향은 함께 협력하여 자연을 각

마디마디를 따라 제대로 나누고, 각 종들에 그 종의 본질적인 특성들을 투사합니다. 세계의 인과적인 구조와 마음의 개념적·추론적 구조 사이에 생기는 이런 예정 조화가 귀납 추론을 믿을 수 있게끔 해 주는 것이죠.

> 어려운 이야기네요.

> 제논님, 그렇게 어렵지 않아요. 우리는 선천적으로 다음과 같은 경향들을 가지고 있습니다.

1) 전제된 인과적 구조를 바탕으로 세계를 각 마디마디를 따라 제대로 나누는 경향
2) 대상들을 종들로 분류할 때 대상들의 겉보기 특성들 이상을 보는 경향
3) 자연 속의 자연종에 정말로 본질적인 특성들을 투사하는 경향

우리가 공변, 즉 하나가 변하면 그에 따라 동시에 변하는 것을 정확히 찾아내는 능력이 있다면 평형을 유지하려는 현상에 민감할 것입니다. 함께 발견되는 속성들에 민감하다는 게 드러나야 우리가 자연종의 존재에 민감하다는 것이 밝혀지고 또 그래야만 작은 수 법칙에 따른 추론들이 믿을 만한 것이 됩니다. 한마디로 말해서 작은 수 법칙을 쓰는 것이 신빙성이 있다는 것을 옹호하려면 공변을 찾는 능력이 우리에게 있다는 것을 밝혀야만 하는 것이죠.

> ……

> 제논님, 그러나 우리가 공변을 찾는 데 능숙하지 못하다는 것을

보여 주는 증거들이 있어요. 그 증거들이 증거로서 가치가 있다면, 우리가 공변을 찾는 데 익숙하지 못하다는 것은 우리의 논리적 추론 경향이 믿을 만하지 않다는 것을 의미합니다. 우선 우리가 공변을 제대로 찾지 못한다는 증거를 찾아보죠. 어떤 경우에는 우리가 이미 가지고 있던 견해가 모든 관찰된 자료를 압도하기도 합니다. 그래서 공변이 없을 때도 있다고 믿으며, 있어도 없다고 믿죠. 이미 가지고 있는 믿음이 대단한 영향력을 행사해서 공변에 대한 판단이 쓸모없게 되는 것입니다.

> 뫼비우스님, 좀 더 구체적으로 말씀해 주시죠.

> 일례로 어떤 증상이 어떤 특정 질병과 관련이 있는지를 다음 표를 보고 판단하는 경우를 생각해 보죠.[8]

증상/질병	있음	없음
있음	20	10
없음	80	40

이 경우 위의 표를 제대로 분석하려면 네 개의 방에 있는 자료들에 모두 의존해야 하는데도 어떤 사람들은 한 방만 보고, 예를 들어 '있음/있음' 방만 보고서 이 질병과 이 증상이 관련이 있다고 말합니다. 또 어떤 사람들은 두 방만 보고, 예를 들어 질병이 있는 사람이 없는 사람보다 증상이 더 많이 나타나는 것을 보고 관련이 있다고 말하거나 아니면 증상이 없는 사람보다 있는 사람이 질병이 없는 것을 보고 관련이 없다고 말합니다.

---

8) H. Kornblith, 《Inductive Inference and Its Natural Ground》, A Bradford Book/The MIT Press, 1993, p.97.

> 보통은 그렇죠.

> 또 다른 경우를 예로 들어 보죠. 정신병 진단을 목적으로 환자에게 흔히 그림을 그려 보라고 합니다. 그래서 편집증 환자는 눈을 크게 그리고 지능에 대해 걱정하는 환자는 머리를 크게 그린다는 식으로 알려져 있죠. 이런 실험이 널리 쓰이긴 하지만 그림에서 눈에 띄게 그리는 부위가 증상을 나타내는 것은 아니라는 것이 실험에서 확증적으로 알려져 있습니다. 그런데도 많은 진료실에서 여전히 이 실험을 하고 있습니다. 이런 실험을 모르는 학부 학생들도 의사들과 똑같은 반응을 보였죠.

> 그렇죠. 저도 그런 경우를 많이 봤어요.

> 제논님, 제 결론은 이렇습니다. 우리는 세계의 본질적인 특성들을 찾는 데 아주 능숙하고, 이런 본질적인 특성들은 우리 개념 구조 덕택에 귀납 추론을 하는 것처럼 보인다는 것입니다. 그 결과 작은 수 법칙이 가능한 추론 방식이라면 세계에 대해 우리가 확정적인 진술을 가능하게 하는 것으로 여겨져 왔던 기존의 논리적 사고는 새로운 문제에 직면하게 된다는 것이죠. 따라서 작은 수 법칙이 성립하는 우리의 귀납 추론이 인과적 구조에 맞추어 만들어져 있고 세계에 대한 귀납적 이해를 가능하게 한다는 점에서 우리는 필연적으로 우리의 기존의 논리적 사고 방식에 대해 회의를 하지 않을 수 없겠죠.

어려운 이야기다.

머릿속에서 알듯 말듯, 뭔가 이상한 것이 비실비실 삐져나오는 듯한 그런 느낌이다.

뫼비우스의 말대로라면, 우리는 우리의 논리적 사고 방식에 대한 근본적으로 다시 생각해 볼 필요가 있을 것이다. 그런데 나는 아직 이해가 덜 되었다. 그런 상황에서 논리적 사고 방식에 대한 회의라니.

이건, 커다란 과제다. 이전보다 더 커졌다. 그러나 나중에야 안 사실이지만, 이건 시작에 불과했다. 내 머리는 드디어 폭발하고 말았던 것이다.

PART 5
라플라스의 꿈

관객 한 사람이 많은 카드 중에서 한 장을 고르게 되었다. 그는 자신이 자유롭게 한 장의 카드를 선택했다고 믿는다. 마술사는 관객이 선택할 카드를 미리 알고 있다고 말한다. 관객의 선택 후에 마술사는 정확하게 관객이 선택한 카드를 맞춘다. 마술사의 선택 속에서 이미 관객의 선택은 예정되어 있던 것이다. 마술사의 선택은 사기다.

뫼비우스의 이야기가 선뜻 이해된 것은 아니었다. 삼촌에게 물어보고 싶었지만, 삼촌은 너무 멀리 있었다. 그래서 나는 동수를 비롯한 퍼즐 배틀 회원들에게 뫼비우스와 나눈 이야기들을 들려주었다. 그리고 가끔 삼촌 연구실을 찾아 조교 형들에게도 뫼비우스와 나눈 이야기들을 들려주었다. 그들은 어떻게 생각할까? 그리고 나의 궁금증을 해소할 수 있을까? 그들도 반응은 나와 다르지 않았다. 오히려 더 심했으면 심했지 덜하지 않았다.

논리에 대해서 회의를 품다니.

그렇다면 지금껏 쌓아 올린 이 많은 업적들은 어쩌란 말인가?

그들과 이야기를 나누다 문득 그런 생각이 들었다. 이들이 우려하는 게 무엇인가? 진리에 다가가지 못한다는 것인지, 아니면 지금까지 고생하며 배워 온 것들을 처음부터 다시 배워야 한다는 것인지. 나는 후자일 거라는 결론을 내렸다.

가을 향기가 느껴지기 시작할 즈음, 학교 개교기념일과 주말이 연결돼 멋진 연휴가 되었다. 잡념을 버리고 집중해서 공부하라는 친구 부모님의 배려 덕분에 동해에 있는 별장에서 연휴를 보내게 되었다.

9월 중순. 동해의 파란 물결은 가슴을 탁 트이게 만든다.

정말 그림처럼 맑은 하늘, 하얀 구름 그리고 파란 바다.

친구들과 한참을 공부하다, 소파에 누워 단잠을 청한다.

오랜만에 갖는 무료함이자 해방감이다.

아무것도 하지 않아도 된다는 것이 이렇게 행복할 줄이야.

적어도 이 순간만은 너무 행복하다.

오후에 욕조에 몸을 담아 피로를 푼 후 친구들을 위해 저녁 이벤트를 위한 준비를 한다.

다른 친구들은 곤하게 잠이 들었다.

나는 중독증 환자처럼 컴퓨터를 켜고, 메일을 연다. 이것저것 습관적으로 체크를 하고, 혹시나 하는 마음에 메신저를 열자, 잠시 후 그가 나를 찾아왔다.

참, 희한한 일이다. 분명 내가 메신저를 열었을 때 그는 거기에 없었다. 그런데 곧 그가 들어왔다. 우연일까? 우연이라고 보기에는 너무 높은 확률이다.

> 뫼비우스님, 저는 친구들과 주말을 이용해 동해에 있는 친구네
　별장에 왔답니다. 열심히 집중해서 공부하기 위해서요.
> 아, 그래요? 좋은 시간이 되기를. 그런데 공부하러 가셔서도 컴
　퓨터를 끼고 있다니……
> 뫼비우스님 때문이죠. 혹시나 해서.

> 제가 그리웠군요. 사실 저도 그랬어요.

> 저도 혹시나 하는 마음에 들어왔는데……. 너무 반가웠어요.

> 그랬나요? 기분이 좋네요. 저를 그리워하는 사람이 있다는 거.

나는 그에게 맑은 하늘, 하얀 구름, 파란 바다에 대해 이야기했다. 그는 어떤 느낌으로 내 감동을 전해 들을까 하며 궁금해할 때 역시 그다운 대답이다.

> 제논님, 아름다운 풍경일 거라 생각되네요. 그렇게 우리는 늘 세계와 대면하고, 때론 감동하기도 하죠.

정말 그 다운 표현이다. 분명 그는 이 상황도 깊은 사색의 공간으로 몰고 가서 채색을 할 것이다.

> 맞아요, 뫼비우스님, 우리는 늘 세계와 대면하죠.

> 제논님, 세계와 대면한다는 것은 무엇일까요?

> 대면한다는 것은……음……'세계'와 구분되는 '우리'가 있음을 의미하는 것이 아닐까요?

난 이미 그의 페이스에 또 말렸다.

내 머리는 그와의 만남을 치르기 위해 긴장하기 시작했다.

> 제논님, 그렇다면 제 생각엔 이 구분은 '우리가 어떻게 세계를 대면하는가' 하는 문제 못지않게 '어떻게 우리는 세계와 구분되

었는가'라는 어려운 문제를 제기하는 거 같아요.

> 우리는 어떻게 세계와 구분되는가가 아니고 우리는 어떻게 세계와 구분되었는가, 하는 문제라. 역사적 고찰이 필요하겠네요. 사실 '우리'는 세계와 대면해 '안'을 형성하고 있고, '세계'는 우리와 대면해 '밖'을 형성하고 있다고 보면, 중요한 문제 제기가 될 수 있죠.

> 그렇다면 지금은 이 구분을 자연스럽게 받아들이고 있지만 처음부터 '안'과 '밖'의 구분이 있었을까요? 또 '안'과 '밖'의 구분은 어떻게 가능했을까요?

형이상학이다.

다른 사람과 이런 이야기를 할 때는, 사실 대학교 철학 강의 시간이나 아니면 나 같은 경우에 삼촌과의 대화에서 아니고서야 일반인들과 이런 이야기를 나누기가 쉽겠는가.

뫼비우스와 이야기할 때는 이상하리만큼 긴장감이 더욱 나를 옥죈다.

> 뫼비우스님, 제 생각엔, 안과 밖이 구분되는 것은 같음과 다름을 분별하는 눈 때문에 가능한 것 같아요. 지금까지 뫼비우스님과 나누었던 이야기들 중에 나왔던 개념을 빌려 표현하자면 말이죠. 이 분별하는 눈은 곧 관찰을 의미할 것입니다.

> 그래요. 관찰이 무엇인지 잘 모르던 시대의 사람들은 사물들을 자기 자신과 분리하여 식별하는 데 익숙하지 않았겠죠? 왜냐하면 아주 오래전 인간은 거의 대부분 수동적이어서 저 밖의 사물들과 그것을 대면하는 자신들이 다르다는 것을 자각하지 못했

을 가능성이 크기 때문입니다. 그러나 점차 인간은 저 밖의 사물들과 다른 자신의 존재를 알게 되었을 것이고, 사물들이 자신이 아니라는 사실을 깨닫게 되었겠죠.

> 동의합니다, 뫼비우스님. 이렇게 인간은 '이 안'과 '저 밖'이라는 주체와 객체를 구분할 줄 알게 되면서 의식적이 되지 않았나 생각됩니다. 이때 의식이라는 것은 다르다는 것을 깨닫는 능력으로서의 자각을 의미하겠죠? 그렇다면 최초의 자각은 '나는 존재한다'는 개념이 아니었을까요?

> 동의합니다, 제논님. 이 '나'라는 것을 자각하면서 인간은 오감을 갖게 되었고, 오감을 통해 '이 안'에서 경험되는 것이 '나'이고, '저 밖'에서 경험되는 것들은 '어떤 다른 것'이라는 것을 보다 확실히 깨닫게 되었겠죠.

> 뫼비우스님, 쥴리언 제인스라는 사람이 ≪의식의 기원과 마음의 이원적 분열≫이라는 책에서 이러한 문제에 대한 나름의 해답을 제시한 것이 기억납니다.[9]

> 아, 그래요? 오늘도 제논님으로부터 좋은 정보를 얻게 되는군요.

> 별말씀을. 그에 따르면 3천 년 전 시대의 사람들은 '이 안'과 '저 밖'을 분명하게 구분할 줄 몰랐던 것 같다고 하더군요. 그렇지만 시간이 지나면서 사람들은 자신이 그러한 구분을 하고 있다는 사실을 어렴풋하게 자각하게 되었다는 것이죠. 제인스는 그 점에서 인간의 자아의식의 발달에 관한 고찰을 시도합니다. 그의 말을 인용하면 이렇습니다.

---

9) 프레드 A. 울프(박병철, 공국진 역), ≪과학은 지금 물질에서 마음으로 가고 있다≫, 고려원미디어, 1995, p.24 에서 재인용.

나는 제인스의 말을 인용했다.[10] 그 인용을 여기에 옮기면 이렇다. 지금부터 약 3천 년 전경 우리 선조들은 최초로 신경 쇠약을 앓았다고 제인스는 주장한다. 그들은 '나'를 인식하기 시작했으며, 머릿속에서 들리는 '신'의 목소리에 따르는 로봇 같은 존재이기를 거부했다. 제인스의 주장에 따르면, 당시 사람들은 현대인들처럼 두뇌의 양반구가 분리되어 독립적으로 작용하지 않았다고 한다. 그렇지만 양반구의 분열이 일어났을 때 '신'의 목소리는 더 이상 들리지 않았고, 인간은 그 자신이 독립적인 존재라는 사실을 자각하였단다. 제인스에 따르면 이러한 최초의 깨달음을 통하여 인간은 '저 밖'에 대해 새롭게 인식하기 시작했다는 것이다.

> 뫼비우스님, 제가 이해한 범위 내에서 말을 하자면, 제인스의 주장에 따르면 분열이 일어난 지 500년 후에 초기 그리스 철학이 태동되었다고 합니다. 그리스 시대로 접어들면서 내면의 '신'의 목소리는 더 이상 인간의 의식에 영향을 주지 못하였지만, 그들의 머릿속에는 '신'의 목소리의 잔재가 약간은 남아 있었다는 것이죠. 그리스인들은 모든 사물을 열정적으로 바라보았다고 합니다. 그래서 비록 '저 밖'을 확신하지는 못하였지만, 그들은 수동적 자세로서 매우 정확하게 '저 밖'을 관찰하였죠. 그리고 최초의 질문을 던졌다고 합니다. '모든 것은 불변의 하나인가, 아니면 모두가 변화하는 것인가?'[11]

---

10) 프레드 A. 울프(박병철, 공국진 역), ≪과학은 지금 물질에서 마음으로 가고 있다≫, 고려원미디어, 1995, p.24.

11) 프레드 A. 울프(박병철, 공국진 역), ≪과학은 지금 물질에서 마음으로 가고 있다≫, 고려원미디어, 1995, p.24.

> 제논님, 고대 철학의, 아니 철학의 가장 근본적인 질문 중 하나죠……

> 뫼비우스님, 그러나 그 시기에도 '안'과 '밖'에 대한 분명한 구분이 있었던 것으로 보이지는 않아요.

> 제논님의 이야기를 들으니까 저도 월리스 매트슨이 <마음과 육체의 문제>라는 흥미로운 논문에서 한 언급이 생각나는군요.

> 그래요? 어떤 언급을 말하는 것인지?

> 매트슨은 그리스인들에게 마음에 대한 개념, 심지어 육체와 구분될 수 있는 마음에 대한 개념이 없었던 것은 아니었다고 말합니다. 그러나 호메로스에서 아리스토텔레스에 이르기까지 마음과 육체 사이를 구분했던 것은 감각 지각을 마음 쪽이 아니라 육체 쪽에 놓기 위함이었다는 것이죠. 이 때문에 매트슨은 그리스인들에게 마음과 육체의 구분 문제가 없었던 것이 아닐까 추측을 합니다.

> 그렇군요.

> 매트슨은 '감각'은 본성이나 외부 자극의 존재에 대해서조차 아무런 언급을 하지 않은 채 의식 상태에 대하여 말하기 위해서 철학에 도입된 개념으로 보고 있습니다.

> 네. 정말 흥미로운 언급이군요.

> 제논님, 그럼에도 불구하고 사람들은 논리를 바탕으로 인식의 발전과 과학의 발전에 힘입어 분명하게 '안'과 '밖'을 구분하기 시작했고, 수동적 자세에서 능동적 자세로 '저 밖'을 향하기 시작했죠.

> 그래요. 동의합니다, 뫼비우스님.

친구들이 일어났다.

> 친구들이 저를 찾는군요.
> 아, 그래요? 그럼 나중에 뵙죠. 좋은 시간 보내세요.
> 모처럼 제가 뫼비우스님의 논의를 따라갈 수 있었는데, 아쉽군요.
> 하하하.

그에게 친구가 있을까? 친구가 있다면 그의 친구들은 어떤 사람들일까? 또 그들은 뫼비우스를 어떻게 사람이라 생각하고 있을까?

나는 친구들과 저녁 이벤트를 맞는다. 고 3 수험생의 시기, 멋진 추억을 만들기 위해. 여름 속에 살포시 숨어 있는 가을의 정취 속에서.

그의 말이 사실인지 모르겠지만, 가끔 그는 과거의 석학들을 몽환 속에서 만난다고 한다. 요즘은 그가 보고 싶을 때면 볼 수 있다고도 했다. 누가 들으면 그는 완전히 정신 나간 사람이다. 누가 그 말을 믿겠는가.

그러나 믿지 않기도 어려운 게 지금까지의 그를 봐서는 그럴 법도 하겠다는 생각이 든다. 게다가 조금 이 부분에 대한 지식이 있다면 어느 정도는 이해할 수 있을 만한 이야기이기도 하다. 그는 흔히 말하는 '아카식 라이브러리'에 들어가는 것일 수도 있기 때문이다. 명상 상태에서 진리의 저장고라고 하는 곳에 말이다.

허나 누가 알겠는가.

근데 그가 들려준 이야기가 있어 여기에 옮긴다. 휴가 때 나와 이야기를 나누고 난 후 그는 이 생각 저 생각을 하다가 잠시 몽환 상태에 빠지게 되었단다. 그러던 중에 전에 내가 꿈속에서 제논을 만났듯,

그는 피에르 라플라스를 만났단다.

> 저는 그날 이런저런 생각을 정리하고 있었죠. 이 안에는 내가 있지만 저 밖에는 나를 제외한 수많은 것들이 존재한다. 우리는 저 밖의 세계에서 그 수많은 대상, 과정, 사건을 지각하고 그러한 지각을 하고 있는 우리 자신에 대해서도 지각한다. 그리고 이러한 지각을 통하여 우리는 세계에 관한 지식을 얻는다. 어떻게 이런 일이 가능할까?

> ……

> 우리가 이처럼 세계와의 관련을 통해 얻는 지식은 사건의 진행 과정에서 나타나는 규칙성 혹은 법칙성에 주목함으로써 시작되죠. 높은 곳에서 물건을 떨어뜨리면 물건은 늘 아래로 떨어지고, 밝은 곳에 있다가 갑자기 어두운 곳에 들어가면 사물을 식별하기가 어렵죠. 멀리 하늘 높이 솟은 먼지 기둥을 본 후에 회오리 폭풍은 몰아쳐 오고, 개미 떼가 길가에 많이 나오면 비가 오며, 감기에 걸린 사람과 가까이 지내면 감기에 걸립니다. 이러한 자연 현상들을 살피면 그러한 현상들 바탕에 법칙성이나 규칙성이 있음을 알 수 있죠.

> 그렇죠. 법칙성이나 규칙성이 있으니까 우리는 세계에 대한 이해에 이르게 되는 것이죠.

> 네, 맞아요. 제논님, 세계는 이처럼 규칙성이나 법칙성에 따라 명확히 정의된 법칙에 따르고 있죠. 따라서 모든 것이 예측 가능하죠. 임의의 순간에 물체들의 질량과 속도 위치를 알고 있다면 그 물체들에 작용하는 힘만 가지고도 모든 것을 예측할 수

있죠. 그 물체가 무엇이든, 예를 들어 별, 행성, 내가 호수에 던진 돌 등 모든 것이 법칙의 지배 아래 있죠. 이러한 세계를 인과법칙에 의해 결정된 세계라 하잖아요. 우리는 바로 이러한 세계에 살고 있죠.

> 동의합니다.

> 그런데 그때 라플라스가 제게 나타난 거예요. 저는 라플라스 책을 읽은 적이 없거든요. 근데 라플라스가 제게 이렇게 말하더군요.

"우리는 우주의 현재 상태를 과거로부터의 결과로 그리고 다가올 미래의 원인으로 생각해야 할 것이다. 자연에 존재하는 모든 것과 그 존재에 작용하고 있는 모든 힘을 이해할 수 있는 마음이 있다면 (이 마음은 모든 자료를 분석할 만큼 크다고 가정하자), 그 마음은 우주에서 가장 큰 물체의 운동과 가장 작은 원자의 운동을 동일한 법칙으로 통일할 수 있을 것이다. 그 마음에는 불확실한 것이 전혀 없으며 미래 또한 과거와 같이 현존하고 있을 것이다."[12]

> 정말이요? 와, 놀랍군요, 뫼비우스님.

> 그때 이런 생각이 들었어요. 지난번 제논님과 이야기하면서 계속 제 속에 남아 있던 문제하고도 연관이 되죠. 과연 우리의 사고는 어떠한가? 우리의 사고도 바로 이러한 규칙성 혹은 법칙성에 따라 진행되는 것은 아닐까? 게다가 우리의 사고를 담는 언어도 이러한 규칙성 혹은 법칙성에 따라 진행되는 것은 아닐까? 그렇다면 이 규칙성을 바탕으로 우리는 세계를 구성하는 방식인 알고리듬을 구성할 수 있고, 이러한 알고리듬을 바탕으로 우리의 사

---

12) F. Rutherford, G. Holton, F. G. Watson, The Project Physics Course, p.120. 프레드 A. 울프(박병철, 공 국진 역), 《과학은 지금 물질에서 마음으로 가고 있다》, 고려원미디어, 1995, p.62에서 재인용.

고를 해명할 수 있으며, 세계를 해명할 수 있지 않을까?

글쎄, 명상의 결과라고 봐야 하나, 아니면 그가 꾸며 낸 허구라고 봐야 하나.

그러나 그것이 허구이든 사실이든 중요한 것은 그의 그런 생각들이 굉장히 놀라운 내용을 담고 있다는 점이다. 부럽기도 하고, 마치 모차르트를 시샘한 살리에리의 절규가 들리는 것 같았다.

확실히 그는 다르다. 일상적인 사람과는 확연하게 다르다.

왜 내게는 그런 일이 일어나지 않는가?

사실 생각해 보면 내게도 그런 경험이 있지 않았었나.

기분이 맑게 환기되는 느낌이다.

그의 이야기를 떠올리며 나는 나름대로 내 생각을 진행시키고 있었다.

마치 내가 그와 게임을 벌이는 듯한 착각이 들었다. 물론 내 생각일 뿐이다. 그는 그런 생각을 전혀 하고 있지 않을 수도 있다.

아니지, 착각이 아닐지도 모른다. 이건 아주 흥미로운 게임이다. 누가 이길지 모른다. 아직 내가 열세지만, 전세는 언제든 반전된다.

상상이 여기까지 미치자 슬며시 미소가 흘렀다. 이런, 내가 지금 뭐하고 있는 것인지.

내 생각을 정리하면 이렇다. 논리의 엄격성은 이러한 구조 위에서 성립한다. 논리는 세계에 대한 언어 능력을 포함한 인간의 심적 활동을 규칙에 따른 질서로만 파악하려 하며 규칙으로부터 벗어난 측면들은 무시하려 한다. 그럼으로써 논리는 인간의 사고에도 인과론과 결정론을 적용하려 한다. 그 결과 이 안과 저 밖을 모두 포괄한 세계는 단일한 하나의 구조로 재구성될 수 있게 되었다. 이러한 재구성의 작업은 컴퓨터의 발전으로 현실화되기 시작한다. 논리의 극단에는 같음과 다름의 개념을 기반으로 하는 참과 거짓이라는 이분법적 사고가 자리하고 있다. 참과 거짓의 이분법적 사고는 같은 것끼리 대응하면 '참'이고, 다른 것끼리 대응하면 '거짓'이라는 점에서 같음과 다름의 개념에 관계한다. 이러한 이분법적 사고는 계산기 이론으로 나타났다.

중·고등학교 때 부울 대수를 배운다. 그 조지 부울을 예로 들어보자. 전기적으로 작용하는 컴퓨터의 출현은 부울에 의해 가능해졌다. 그는 이 안과 저 밖을 포괄하는 세계를 이분법적 사고인 '1(참)'과 '0(거짓)'이라는 간단한 이진 표기에 의해 대치할 수 있는 방법을 만들었다. 부울 대수라고 불리는 그의 이러한 논리 연산은 전기적 작용에서의 '켜짐'과 '꺼짐'에 대응된다. 이 대응은 컴퓨터의 기본적인 작동 원리가 되었다.

삼촌의 설명에 따르면, 부울의 이론으로부터 비롯된 계산기 이론은 허먼 홀러리스가 천공 카드의 전기적 처리를 통해 최초로 미국의 인구 통계 계산을 완수함으로써 그 유효성이 입증되었다. 진공관의 발견은 1946년 전자적으로 작동하는 최초의 컴퓨터 에니악(ENIAC)의 탄생을 가져왔으며, 존 폰 노이만의 '내장 프로그램'의 개념은 현대적 의미의 컴퓨터인 에드박(EDVAC)과 유니박-1(UNIVAC-1)의 개발로 이어졌다.

컴퓨터는 특정 모형을 구체적으로 적용해 볼 수 있는 효과적인 도구이자 모형의 타당성을 시험해 볼 수 있는 적절한 수단이다. 이것은 '안'의 문제를 '밖'에서 현실화할 수 있음을 의미한다. 이 때문에 컴퓨터는 '안'과 '밖'에 대한 탐구 방향에 질적인 변화를 가져왔다. 예를 들어 학자들은 컴퓨터라는 기계(하드웨어)가 프로그램(소프트웨어)에 의하여 작동된다는 사실로부터 두뇌가 마음에 의해 작동될지도 모른다는 영감을 얻었다. 그로부터 컴퓨터를 인간의 두뇌로 그리고 기호를 조작하는 프로그램을 인간의 마음으로 보게 된 것이다. 이러한 유비에 의해 비로소 '안'의 문제는 '밖'의 문제가 되었다. 이것은 인지과학이라는 새로운 학문 영역을 낳았다.

인지과학은 인지 및 인지와 관련된 심적 현상을 마음의 내적 구조, 정보의 수용, 저장, 검색, 변형, 전달 및 지식의 활용 등을 물리적·공학적 토대 위에서 해명 및 현실화하려는 과학이다. 바야흐로 라플라스의 꿈이 실현될 수 있는 공간이 마련된 것이다. 이러한 인지 과학은 심적 현상이 기호에 의해 설명될 수 있을 것이라는 논리적 가정 위에서 성립한다. 이 논리적 가정을 살펴보면 라플라스의 꿈이 꿈이 아니라 현실이 될 수도 있음을 알 수 있다. 논리적 가정은 다음과 같다.

1) 마음은 기호 체계를 구성할 수 있다.
2) 마음은 사고·지각·기억과 같은 다양한 인지 과정에서 기호를 조작할 수 있다.
3) 마음이 기호를 조작하는 과정(특정 정보를 기호화해서 처리하거나 다른 정보를 기호화해서 전환시키는 과정)을 계산이라고 한다.
4) 이 계산은 페아노의 건물 쌓기처럼 모든 것을 논리적 구조로 재구성하는 것을 의미한다.
5) 따라서 논리적 구조를 기반으로 하는 계산을 통해 심적 과정을 모두 해명할 수 있다.

이러한 논리적 가정은 현재의 컴퓨터 모형과 인공지능 이론이 근거하고 있는 기본 입장이다. 위에서처럼 인간의 마음을 본질적으로 정보 처리 체계로 보고, 그 처리 과정을 일종의 논리적 계산 과정으로 간주한다는 점에서 이러한 논리적 가정은 인간의 지적 행위가 복잡하기는 해도 계산이 가능한 기본 구성단위들의 합성인 유한하고 결정적인 법칙의 조합으로 설명될 수 있다고 주장한다.

분명 이러한 논리적 가정은 마음을 과학적으로 기술할 수 있는 자연 현상이라는 점을 보여 준다. 이것은 인간의 마음은 정보를 수용, 저장, 검색, 변형, 전달하는 복합 시스템으로 결정된 구조를 갖고 있음을 의미한다. 여기에는 두 가지의 중요한 가정이 더 깔려 있다.

1) 정보와 정보 처리 과정은 기호의 조작으로 설명될 수 있다.
2) 이러한 정보 처리 과정이 표상될 수 있다.

첫째 가정을 먼저 살펴보자. 앨런 튜링에 따르면 인간의 사고 과정은 추상적인 것처럼 보이기는 하지만 이해할 수 없는 과정은 아니다. 이 과정은 명확하고 구체적인 절차에 의해 논리적으로 기술될 수 있다. 따라서 이 기호 조작 과정은 물체 또는 물리적 과정과 같이 구체적으로 연구할 수 있는 대상이 된다. 이것은 심적 과정을 형식화하여 엄밀히 기술하고 설명할 수 있음을 의미한다.

1950년대 후반에서 1970년대 초에 걸쳐 앨런 뉴웰과 허버트 사이먼은 정보 처리 과정을 체계화하는 데 결정적 역할을 하였다. 사고 과정을 기호와 기호의 조작으로 명확히 표상할 수 있다는 튜링을 비롯한 수리 논리학자들의 견해를 뉴웰과 사이먼은 인간의 심적 활동과 연결시켜 보다 발전시켰다. 그들의 주장을 정리하면 다음과 같다.

1) 컴퓨터는 튜링 기계의 구현으로, 단순한 수의 조작 기계를 넘어서는 하나의 일반 목적 기호 조작 체계일 수 있다.
2) 인간의 마음도 기호 조작 체계로 해석 및 구성할 수 있다.
3) 따라서 마음을 일반 목적 기호 조작 체계 또는 기호 계산 체계로서의 튜링 기계의 구현으로 개념화할 수 있다.

그들은 컴퓨터와 인간 마음의 공통 특성인 기호 조작은 본질적으로 외부에서 입력된 자극을 기호화하여 각종 정보를 추출, 조작하여 출력을 내어놓는 정보 처리 과정이며, 이 점에서 컴퓨터와 마음은 정보 처리 과정과 이를 가능하게 하는 정보 처리 구조를 내포하고 있는 동일한 정보 처리 체계라고 보았다. 또한 컴퓨터와 인간의 마음이 기호 조작의 일반 목적 체계 또는 정보 처리 체계의 동일한 원칙을 내장하고 구현하는 한 인간의 마음은 정보 처리의 구조와 과정으로 개념화하여 명확히 기술할 수 있으며 이는 컴퓨터에 의해 모의될 수 있다고 생각하였다.

둘째 가정을 살펴보자. 정보 처리 과정이 표상될 수 있다는 생각은 다음을 바탕으로 성립한다.

1) 인간과 컴퓨터에서 정보를 기호화하여 내재화한다는 것은 표상한다는 것이다.
2) 기호의 조작 처리는 표상의 형성, 저장, 변화, 활용의 과정들이다.
3) 지식을 갖고 있다는 것은 표상을 체계 내의 기억에 보유하고 있

다는 것이다.

4) 안다는 것은 표상들 간의 연관을 찾거나 생성한다는 의미이다.

여기서 표상의 본질과 표상의 처리 과정에 대한 이해는 매우 중요하다. 왜냐하면 정보는 의미를 가져야 하는데 그 의미는 표상을 통해서 표출될 수 있기 때문이다. 따라서 인지 과학자들은 기호와 의미 사이의 표상 관계를 구분한다. 이 구분으로부터 어떤 생물체나 기계가 의미 있는 행동을 하는 것은 그 생물체나 기계가 세상과 표상 관계를 맺는 구조에 대해 계산을 행함으로써 비로소 설명될 수 있다는 인식이 생긴다.

이러한 인식의 구현은 라플라스가 꿈꾸어 왔던 결정론적 세계를 현실화할 수 있음을 의미한다. 왜냐하면 컴퓨터의 발전은 가장 기본적인 논리적 사고의 틀인 같음과 다름의 개념을 매개로 '이 안'인 인간의 구조와 '저 밖'인 세계의 구조가 동일한 논리적 구조로 재편될 수 있음을 보여 주기 때문이다. 이것은 곧 논리로 구현하는 완벽한 세계인 로기토피아(Logitopia)가 가능함을 함축한다. 그러나 그 로기토피아의 세계가 우리가 지향하는 끝점인가?

PART 6
결정론을 넘어

깃발이 흔들린다. 묻는다. 누가 깃발을 흔드는 것인가? 바람이 흔듭니다. 아닙니다. 깃발이 스스로 흔들리는 것입니다. 아닙니다. 마음이 흔들리는 것입니다.

관점을 바꾸어 보자. 깃발이 흔들릴 때 바람은 자기가 깃발을 흔든다고 생각한다. 깃발은 바람을 기다렸다고 말한다. 그런데 나는 깃발도 바람도 보지 못했다.

가을 하늘이 눈이 부시도록 파랗게 치장한 채 내려 보던 10월 초.

그야말로 속에 깊이 숨겨 놓았던 감성을 톡톡 건드리는 날씨에, 감히 문밖 출입을 하기도 겁난다. 이런 날씨에 마음이 흔들리면 며칠을 고생하기 때문이다.

어쩌면 오히려 잘되었는지도 모른다. 집에서 모든 창을 닫고, 수험생으로서의 열정을 태울 수 있으니 말이다.

시험 날짜는 얼마 남지 않았고 곧 또 모의고사가 있다.

가을이라고 하기에는 조금 더운 날. 시험 준비를 하던 내 머리에 조금씩 빛이 들기 시작했다. 혼미했던 미몽 속에서 길을 본 까닭이다. 온전히 뫼비우스와의 오랜 대화 덕분이다.

그렇게 더운 날, 일상처럼 그가 왔다. 그는 이 가을날들을 어떻게 보내고 있을까?

> 뫼비우스님, 이제 제 생각도 어느 정도 가닥이 잡혀 가네요.

> 그런 것 같아요, 제논님. 제논님 속 깊은 곳에 잠자고 있던 진리의 샘이 넘치기 시작했다는 느낌을 받았어요. 축하해요.

> 축하라니요. 설사 그렇다고 하더라도 다 뫼비우스님 덕분이죠.

> 아니에요. 저는 계기일 뿐 제논님의 능력입니다.

> 아닙니다. 그러고 보니 마치 제가 모든 것을 깨달은 듯 이야기하고 있군요. 이제 시작일 뿐인데 말입니다.

> 하하하. 그나저나 제논님, 시험 준비는 잘되어 가고 있나요? 가끔 제가 시험 준비에 몰두해야 할 제논님에게 방해가 되는 건 아닐까 하는 생각에 말 걸기가 많이 꺼려져요.

> 걱정하지 마세요, 뫼비우스님. 제가 할 일은 제가 알아서 한답니다. 그리고 가끔 뫼비우스님과 하는 대화를 통해 휴식을 취하게 되는데요…… 뭐…….

> 그럼 다행이고요. 여하튼 남은 시간 힘내세요.

> 감사합니다.

지난번 뫼비우스와 이야기를 나눈 뒤 내게 남은 의문이 하나 있었다. 논리로 구현된 완벽한 세계 로기토피아가 과연 가능한가? 가능하다. 어떻게 가능한가? 세계를 나누는 나눔의 끝에서 최종 단순체를 찾았기 때문이다. 최종 단순체를 찾았기 때문에 그 최종 단순체로 세계를 다시 구성하면 된다. 그렇게 해서 세계가 다시 구성되면 완전한 세계 로기토피아가 그 위용을 드러낼 것이다.

그러나 우리가 찾은 최종 단순체가 정말 나눔의 끝에 있는 최종 단순체인가? 그러한 최종 단순체가 있기는 있는 것인가?

> 뫼비우스님, 우선 오래전 뫼비우스님과 나누었던 언어에 대한 이야기를 좀 더 살펴보아야 할 것 같아요.

> 네, 그러시죠.

> 지난번에도 말씀드렸듯이, 비트겐슈타인이 ≪논리 철학 논고≫에서 주장한 핵심 내용은 그림 이론입니다. 언어는 세계를 그리고 있는 문장들로 구성되어 있습니다. 문장은 지각할 수 있는 사고의 표현이고, 사고는 사실의 논리적 그림입니다. 따라서 언어적 표현들은 그것들이 지시하는 것에 의해 의미를 갖게 됩니다. 왜냐하면 세계를 구성하는 최종적 단순체들과 그 단순체를 연계로 형성되는 사태와의 관련하에서 언어 표현들이 의미 있게 된다면 그것들은 객관적으로 존재하는 세계에 대한 진술하는 한에서만 유의미하기 때문입니다.

> 제논님, 그러나 한 단어가 영구불변하게 자체의 의미와 동일성을 갖는 그러한 이상 언어가 정말 가능할까요?

> 뫼비우스님, 그럴 것 같지는 않네요. 왜냐하면 세계의 구조란 그것을 기술하기 위하여 사용되는 일상 언어의 구조를 떠나서는 생각될 수 없을 것 같은데 일상 언어는 너무 풍요로워서 이상 언어로는 모두 담을 수 없는 것처럼 보이기 때문입니다.

> 그 의견에 동의합니다, 제논님.

> 감사합니다.

아, 이럴 수가. 지금 나는 경쾌하게 내 생각들을 밝히고 있다. 뫼비우스에게. 마치 뫼비우스가 예전에 나에게 했던 것처럼 말이다.

넘치지 않게, 그렇게만 할 수 있다면. 그것 또한 과제다.

> 분명 세계는 언어를 통해서 우리에게 주어집니다. 그러나 그 언어는 틀에 박힌 정형화된 구조로서의 언어가 아니라 마치 살아 움직이면서 끊임없이 자기 모습을 바꾸는 카멜레온 같은 모습을 하고 있습니다. 따라서 제대로 된 언어를 보기 위해서는 살아 꿈틀거리는 언어의 모습을 살펴보아야 합니다. 이 점에서 보자면 언어에 대한 탐구의 목표는 그 언어적 표현들이 사용되는 맥락 속에서 어떻게 쓰이고 있는지를 밝히는 데에 있다고 할 수 있습니다. 그리하여 비트겐슈타인은 ≪철학적 탐구≫에서 사용 이론을 제시합니다.

> 그 해석에 동의합니다, 뫼비우스님. 사용 이론에 따르면 언어적 표현은 그 용법에 의해 결정됩니다. 언어는 언어 작용의 일반 범위 안에서만 의미를 가지기 때문에 언어의 의미를 알려면 그 범위 안에서 그것이 어떻게 사용되는지를 관찰해야 합니다. 그 관찰의 결과 우리는 언어적 표현이 구체적 맥락에서 구체적 목적을 위하여 구체적 방법으로 사용됨으로써 의미를 지닌다는 것을 알게 됩니다. 이때 언어가 어떤 목적을 위해 쓰이는 구체적 맥락을 언어 게임이라고 합니다.

> 제논님, 그야말로 경쾌, 발랄 그 자체입니다. 제가 님을 본 중 가장 거침없게 말하는 것 같아요.

> 그런가요? 뫼비우스님, 너무 소란스럽지는 않나요?

> 아닙니다. 기분 좋아서요. 미소 짓는 제 모습이 보이시나요?

> 네, 보여요.

> 뫼비우스님, 예를 들어 미장이와 조수, 벽돌, 흙, 구들장으로 구성된 원시적이면서 완전한 하나의 세계를 가정해 보죠. 이 세계

에서 미장이와 조수의 목표는 구들장을 놓는 일이다. 미장이가 '벽돌' 하면 조수는 즉각 벽돌을 미장이에게 날라다 줍니다. 이때 미장이와 조수가 사용하는 언어는 '벽돌', '흙', '구들장'이라는 세 단어로만 구성되어 있습니다. 물론 이 언어도 완전한 언어라고 가정해 보죠. 이때 이 언어는 어떻게 기능할까요?

그와의 이야기는 계속 이어졌다.

텍스트를 좇아가며 텍스트에 매몰되었던 내 모습이 아니다. 나도 놀란다. 이제 나만의 세계가 만들어지는 것이다.

그래도 넘치면 안 되지.

그와 나누었던 이야기를 정리하면 이렇다. 물론 대부분 내가 한 말이지만. 미장이가 벽돌이라고 했을 때 조수는 이 말을 여러 가지로 해석할 수 있다.

1) 벽돌이 무엇인지 나에게 가르쳐 주기 위해서
2) 그냥 벽돌을 가리키기 위해서
3) '벽돌' 할 때의 발음이 좋아서
4) '벽돌'을 가져오게 하기 위해서

> 뫼비우스님, 그림 이론의 기반인 지시론에 따르면 '벽돌'은 이와 같이 다양한 해석 상황을 허용해서는 안 됩니다. 따라서 조수는 이 표현의 지시 대상을 알고 있다는 사실만으로 이 언어가 목적하는 결과를 낼 수 있어야 합니다. 그러나 실제로 조수는 목적하는 결과를 내지 못합니다. 미장이가 '벽돌'이라고 소리칠 때 조

수가 미장이가 요구하는 벽돌을 날라다 주는 것이 가능하려면 조수는 '벽돌'이라는 낱말이 쓰이는 법을 알아야 하기 때문입니다. 이것은 조수가 상황을 이해하고 언어를 해석해야 한다는 것을 의미하죠.

> 비트겐슈타인에 대한 명쾌한 해석으로 보입니다, 제논님. 미장이와 조수의 언어 게임은 벽돌을 쌓고 집을 짓는다는 그들의 행위의 총체, 즉 그들 삶의 양식의 한 부분일 것입니다. 언어 행위는 이러한 삶의 양식이 없이는 상상할 수 없겠죠. 비트겐슈타인에게서 이 삶의 양식은 언어 행위를 포함하는 모든 인간의 행위와 그 행위의 배경을 이루는 인간과 세계에 대한 일련의 전제들의 총체로서의 문화이고 그것은 '받아들여져야만 하는 것'이며 '주어진 것'입니다.

> 선수를 빼앗겼네요, 뫼비우스님.

> 그랬나요?

> 우리가 사용하는 언어는 우리가 속한 문화로부터 습득된 것입니다. 그렇기 때문에 우리가 이 언어를 이해할 때 우리는 그 언어의 배경적 맥락을 고려하지 않을 수 없습니다. 이것은 이 언어 게임은 삶의 양식으로서 각 개인의 행위에 영향을 미친다는 것을 의미합니다. 이렇게 보면 《논리 철학 논고》에 대해서 《철학적 탐구》는 한 단어에 대응하는 대상을 전혀 고려하지 않는다는 점과 사용은 단순히 단어를 살펴봄으로써 이해되는 것이 아니라 언어적인 면과 사회적인 면을 다 포함한 문맥에서만 이해될 수 있다는 점에서 구별된다고 하겠습니다. 이것은 결정된 것은 아무것도 없음을 의미합니다.

> 불현듯 이 생각이 떠오르면서 제 머리에 폭풍이 일기 시작하더 군요.

> 어떤 폭풍인가요? 제논님.

> '그래, 결정된 것은 아무것도 없다.' 마치 섬광처럼 머리를 딱 치 더라고요.

> ……

> 그 순간부터 이 문제가 다른 시각에서 보이기 시작했어요. 이건 언어만이 아니라 세계에 대해서도 마찬가지입니다.

> 훌륭하십니다…… 그런데…….

> ???

> 제논님, 죄송합니다. 오늘은 여기서 그쳐야겠어요.

내가 넘쳤나? 아니면 내 진전에 그가 놀란 것일까? 아니면?

그는 갔다.

나는 그를 보냈다.

슬며시 그를 이겼다는 희열감이 들었다.

시험공부에 지친 나는 토요일 오후 내내 머리도 식힐 겸 예전에 읽 었던 책 몇 권을 다시 꺼내 들고 읽기 시작했다. 한동안 교과서나 참 고서, 문제집 등에 익숙해 있던 내게 많은 사상가들, 이론가들이 색다 른 모습으로 다가왔다.

문리가 터진 것일까? 한눈에 그들의 생각들이, 의도들이 정리되기 시작했다.

컴퓨터를 켜고, 떠오르는 대로 적어 본다. 나중에 논술 시험 볼 것 을 대비해서.

파일명은 '생각들'

"생각.
아프리카의 한 마을로 영어를 사용하는 외국인 고고학자가 답사를
갔다. 이 고고학자는 그 마을에서 사용되는 언어에 대해서는 전혀
모른다. 그 마을에서 고고학자는 우연히 토끼가 뛰는 것을 보고 마
을 사람들이 '가바가이'라고 외치는 말을 들었다. 이때 고고학자는
아무 문제 없이 '가바가이'라는 말을 '토끼'를 가리키는 말로 생각
할 수 있는가?"

내가 물어봐 놓고 일순 당황했다. 정말 그럴 수 있는가? 이것은 참
어려운 문제다. 왜냐하면 '가바가이'에 대해 다음의 네 가지 영어 번
역이 가능하기 때문이다.

1) There is a rabbit over there.

2) An undetached part of a rabbit is over there.

3) Rabbithood is instantiated over there.

4) A temporal rabbit is over there.

여기서 1), 2), 3), 4)는 동일한 경험 상황을 부여하면서도 서로 다른
번역을 제공한다. 그러므로 1), 2), 3), 4) 중 어느 것이 참된 번역인지
를 확정할 수 없게 된다. 윌라드 콰인은 이 예를 통해 번역 불확정성
원리를 제안한다.
나는 또 적는다.

"번역 불확정성의 원리.
한 언어의 문장을 다른 언어의 문장으로 번역할 때 그 문장에 대한
근본적으로 다른 여러 개의 번역이 가능하기 때문에 많은 번역 상

황들 가운데 어느 것이 참된 것인가를 확정할 수 없다."

그 밑에 이어서 적는다.

"이것은 문장의 의미가 문장을 번역할 때 보존되지 않는다는 것과
동일한 조건을 만족시키는 두 개 이상의 상황이 존재할 때 참된 것
을 결정하는 문제가 단순한 경험적 사실의 문제가 아니라는 것을
의미한다. 이것은 지시체 불가투시성(the inscrutability of reference)이
라는 괴물과 결합함으로써 더욱 강화될 수 있다."

그럼 지시체 불가투시성이라는 것은 무엇인가?

"지시체 불가투시성.
문장의 구성 요소인 단어들에 대해서는 서로 다른 지시체를 할당
하면서도 언어 체계의 전체와 양립 가능한 해석 체계들이 있을 수
있다."

지시체 불가투시성은 어떤 경우에 발생하는가?

첫째, 일상의 대화 속에서 우리는 애매어인 '사과', '배', '눈', '울
다', '쓰다' 등의 동음이의어에 대한 번역을 한다. 그러나 화자의 맥락
이 불분명할 때 우리는 그 말의 이해를 위해 확정적인 선택을 하지
못하는 경우가 흔히 있다. 이 경우에 지시체 불가투시성이 발생한다.

둘째, '초록'과 같은 단어들은 구체적 대상을 지시하는 일반 명사
로 사용될 수도 있고, 추상적 대상을 지시하는 추상 명사로 사용될
수도 있다. 따라서 이러한 명사는 사용 방식에 따라 지시 대상이 달
라진다. 이때 우리는 그 두 가지 용법을 구분하기 위한 어떤 객관적
기준을 갖고 있지 못하다. 이 경우에 지시체 불가투시성이 발생한다.

셋째, 예를 들어 휘발유가 아직 남아 있다는 것을 보여 주는 방식을 생각해 보자. 이때 휘발유가 있다는 것을 보여 주기 위해 휘발유가 아니라 계기판을 가리키는 경우, 계기판을 통해 휘발유를 지시하는지 계기판을 지시하는지를 구별할 방식을 우리는 갖고 있지 않다. 이것은 단칭 기호로 쓰이는 하나의 문자나 기호 혹은 수에 의해 어떤 표현을 명기하는 경우, 그 표현이 직접 대상을 지시하는지 그 표현 내용을 우회적으로 지시하는지를 구별하기 어렵다는 것을 의미한다. 이 경우에도 지시체 불가투시성이 발생한다.

번역 불확정성이나 지시체 불가투시성은 확정적 번역이나 지시 행위 자체가 무의미하다는 것을 보여 준다. 만약 확정적 번역이나 지시 행위 자체가 무의미하다면 사람들의 대화라는 것이 도대체 가능하겠는가? 그럼에도 불구하고 우리는 대화를 통해 의사소통을 하고 있다. 어떻게 이것이 가능한가?

"의사소통이 가능한 이유.
한 가지 방법은 좌표 체계나 지시 체계 혹은 배경 언어에 상대적으로 언어를 사용하는 것이다. 한 언어적 표현이 다른 언어적 표현으로 해석될 수 있으려면 우리는 대상에 관한 한 언어적 표현이 다른 언어적 표현으로 어떻게 해석될 수 있는지를 물어야 한다. 대상에 관한 한 언어적 표현이 어떻게 다른 이론으로 해석될 수 있는지를 묻지 않는 한 그 언어적 표현이 지지하는 것을 결코 밝혀낼 수 없다. 이것은 언어적 표현이 배경 언어 체계에 상대적이지 않고는 충분히 해석될 수 없음을 의미한다."

틱틱……, 자판이 내는 소리를 들으며 화면에 글자를 채워 넣는 일은 묘한 재미를 준다.

화면을 한참 응시하다 사탕을 입에 넣는다. 사탕을 깨물어 먹으면서 사탕 깨지는 소리와 입속에서 부서지는 사탕 파편들에 몰두해 본다.

어머니가 과일을 담은 접시를 들고 내 방으로 들어오신다.

나는 미소를 지으며 어머니를 바라본다. 얼마 전에 어머니에게 그간 뇌비우스와 있었던 일을 말씀드린 적이 있었다. 어머니는 그 일이 기억나신 듯 내게 물으셨다.

> 오늘은 그가 안 나타났니?
> 글쎄. 아직 안 나타났는데요.

정말, 오랜 시간이 지났는데……

화면에 알림창이 하나 떴다.

"접속이 끊겼습니다. 서버와의 재접속을 원하십니까?"

나는 확인 버튼을 누르고, 어머니가 방을 떠날 즈음 그가 들어왔다.

> 제논님, 지난번엔 죄송했어요.
> 뭘요?
> 한참 말씀 중이셨는데.
> 아니에요. 괜찮아요.
> 말씀 계속하시죠, 제논님.

나는 자랑이라도 할 양으로 논의를 시작했다.

> 오늘은 '의미'에 대한 이야기를 하면 어떨까요? 뇌비우스님.

> 급하시군요. 제게 하실 말씀이 많은가 봐요?

역습이다. 통렬한 한 수. 황급히 표정을 수습하며 말한다.

> 아니에요.
> 그런데, 제논님. 왜 갑자기 '의미'를 다루려 하시나요? 지난번 하시던 이야기는 어떻게 하고?
> 음…… '의미'를 다루면서 지난번 이야기를 정리하려고요. 왜냐하면 사람들은 의미가 언어적 표현과 대상들을 이어 주는 매개고리라고 생각하기 때문입니다. 그래서 사람들은 이 의미로 인해 언어는 확정적으로 세계와 관계를 맺는다고 생각하기 때문입니다.
> 네.
> 뫼비우스님, 아시다시피, 의미와 관련해서 지시론은 지시 방식과 관련해서 직접 지시론과 간접 지시론으로 구분됩니다. 직접 지시론은 주어진 표현의 의미를 그 표현의 직접적인 대응물과 관련지어서 생각하는 입장으로, 이 경우에 언어적 표현과 대상은 의미의 매개 없이 직접 관계합니다. 간접 지시론은 언어적 표현과 그 의미를 갖는 대응물 사이를 인간의 마음속에 있는 심적인 어떤 것을 통해 연결시켜 파악하고자 하는 입장으로, 이에 따르면 언어적 표현의 의미는 마음속에 그려진 이미지로 설명될 수 있습니다.
> 아, 그러한 구분은 의미를 심적인 어떤 것과 연관시켜 파악하려는 입장들에 대한 서로 다른 관점 때문에 생기는 것이군요. 그러

나 과연 의미를 심적인 것으로 파악할 수 있을까요?

> 제 생각엔 아닙니다. 의미는 심적인 것으로 파악할 수 없습니다. 왜냐하면 언어적 표현에 다른 심적 표상과 대응하는 대상 간의 필연적 연관성이란 없기 때문이죠.

> 네, 제논님에 동의합니다.

> 여기서 힐러리 퍼트남이 ≪이성 진리 역사≫에서 들고 있는 예를 하나 볼까요? 한 마리의 개미가 모래 위를 기어가고 있는 상황을 상상해 보죠. 개미가 기어갈 때마다 모래 위에는 하나의 선이 생기게 됩니다. 개미가 모래 위에서 이리저리 틀기도 하고 가로지르기도 하면서 만들어진 모양이 우연히도 윈스턴 처칠을 풍자한 그림처럼 되었다고 가정해 봅시다.

> 제논님, 재미있는 예군요.

> 이 경우 개미는 과연 윈스턴 처칠을 그렸다고 할 수 있을까요?

> 물으시는 의도로 봐서는 물론 '아니다'라는 대답을 하시겠죠.

> 들켰군요, 뫼비우스님. 저는 이 예가 개미가 그린 '그림'이 윈스턴 처칠과는 아무런 필연적 연관성을 갖고 있지 않다는 것을 보이고 있다고 생각합니다.

> 그렇다면 제논님, 간접 지시론은 이름과 대상들이 어떤 필연적인 연관성을 갖고 있으리라고 희망하지만 윈스턴 처칠의 예에서처럼 이름과 대상 간에는 오히려 문맥적·우연적·규약적 관계만 있는 것으로 파악할 수 있겠네요.

> 정답입니다, 뫼비우스님.

아, 내가 그의 대답에 "정답입니다."라고 평했다. 나는 그를 넘어서

고 있다.

나는 계속 말한다.

> 이와 관련해서 퍼트남은 전통적인 지시론은 다음의 두 가지를 기본적인 가정으로 삼고 있다고 지적합니다.

첫째, 어떤 단어의 의미를 안다는 것은 단순히 화자가 어떤 심적 상태에 있음의 문제다.

둘째, 의미에 포함되어 있는 속성들이 모든 가능 세계와 시간에 있어서 그 단어의 외연을 유일하게 결정한다.

그러나 이러한 지시론은 성립하지 않습니다.

> 제논님, 좀 더 구체적으로 설명해 주실래요?

> 뫼비우스님, 우리가 살고 있는 지구와 지구상의 모든 것들의 완벽한 복제품들이 똑같이 존재하는 쌍둥이 지구를 가정해 보죠. 지구와 쌍둥이 지구는 H_2O에 해당하는 것을 XYZ가 대신하고 있다는 것을 제외하면 모든 것에 있어서 동일합니다. 심지어 그 쌍둥이 지구에서는 XYZ가 '물'이라 불리며, 그것의 현상적 특성까지도 지구의 H2O와 똑같고, 우리와 완벽하게 똑같은 복제품으로 쌍둥이 지구인까지 살고 있습니다. 이런 상황에서 쌍둥이 지구에 사는 쌍둥이 지구인이 지구를 방문해서 호수를 보고 '호수를 채우고 있는 것은 물이다'라고 생각했습니다. 이때 지구인도 '호수를 채우고 있는 것은 물이다'라고 생각했습니다.

> 머릿속에 그림이 그려집니다. 제논님, 계속하시죠.

> 이 경우에 지구인과 쌍둥이 지구인의 심적 상태가 같을까요, 다를까요?

> 물론 다르겠죠.

> 그렇습니다. 지구인이 사용하는 '물'은 H_2O를 가리키고 쌍둥이 지구인이 사용하는 '물'은 XYZ를 가리킨다고 할 때 우리는 두 지구에서 사용하는 '물'이란 말의 의미가 서로 다른 것이라고 이야기해야 할 것입니다.

그렇다. 얼핏 보기에 아직까지도 물의 분자 구조를 밝혀낼 수 있을 정도의 화학적 지식이 발달하지 않은 1750년대의 상황을 가정해 본다면 지구인과 그 쌍둥이 지구인이 '물'이란 말과 관련해서 갖게 되는 심적 상태는 완전히 동일해 보인다. 그러나 '물'이란 단어의 외연은 1750년이든 1950년이든 간에 지구에서는 여전히 H_2O이고 쌍둥이 지구에서는 XYZ가 될 것이기에 결국 두 지구에서 '물'이란 말의 외연의 차이는 심적인 것으로서의 의미에 의해서는 해명되지 않는다는 것에 주목할 필요가 있다.

> 그렇다면 뫼비우스님, 과연 의미는 머릿속에 있는 것일까요?

> 제논님 설명대로라면 아니겠죠.

> 네, 아닙니다. 퍼트남에 따르면 의미는 머릿속에 있는 것이 아닙니다. 게다가 언어적 표현은 대상에 이름을 붙인 '텅 빈 꼬리표' 같은 것으로서 언어적 표현과 대상의 지시 관계는 의미나 심적 모형을 매개로 하는 간접적 관계가 아니라 보다 더 직접적인 관계인 것으로 보입니다. 따라서 우리가 한 언어적 표현에 대상을

대응시키기 위해서는 개인이 그 언어적 표현과 관련하여 갖게되는 심적인 것으로서의 의미에 호소할 것이 아니라 경험과학에 의해 해명되는 대상의 본성을 고려해야만 합니다. 이렇게 지시체 결정은 개인적 차원에서 행해지는 것이 아니라 사회적 협력을 통해서 만들어지는 것처럼 보입니다.

> 오호, 놀라운 결론이군요. 그런데 사회적 협력이라 함은 무엇을 말하나요?

> 예를 들어 '전기'의 지시체가 고정되는 경우를 살펴보죠. 전기는 다음의 과정을 거쳐 지시체가 고정됩니다. 첫째, 지시체의 표준적인 예가 존재하는 상황에서 인과적 기술을 통해 이를 골라냅니다. 둘째, 이것과 동일한 본성을 갖는 것이면 무엇이든 그것을 지시하는 말로서 '전기'란 단어를 도입하는 명명식을 갖습니다. 셋째, 이렇게 도입된 단어는 최초의 지시체를 유지한 채 지시적 인과 고리를 따라 계속해서 동일한 종류의 대상을 지시하고자 의도하는 한 그 이름을 사용하여 최초의 명명된 대상과 동일한 대상을 지시하게 됩니다.

> 이의 없습니다. 제논님, 계속하세요.

> 이런 상황에서는 이 말을 사용하는 사용자가 그 단어의 지시체를 결정하는 데 필요한 지식을 가질 필요는 없습니다. 오히려 어떤 단어의 외연은 그 사용자가 최초의 명명식이나 또는 그 외연을 결정할 수 있는 사람, 즉 전문가와 인과적으로 연결되어 있다는 사실에 의해 고정됩니다. 이것은 어떤 단어의 외연은 개별 화자가 머릿속에 가지고 있는 개념에 의해 고정되는 것이 아니라 일반적으로 사회적인 결정 과정을 통해 고정된다는 것을

의미합니다.

> 사회적인 결정 과정을 통해서 말이죠? 그래서 사회적 협력이라고 하는군요?

> 네.

> 제논님, 그렇다면 예를 들어 어떤 금속 물질이 금인지 아닌지의 여부를 판별하는 상황을 가정해 보죠. 이 경우에 모든 사람이 금속 전문가일 필요는 없겠네요. 그 금속 물질이 금인지 아닌지는 그 계통의 전문가의 도움을 받으면 되니까 말이죠.

> 놀랍습니다, 뫼비우스님. 그것이 가능한 이유는 어떤 공동체의 대부분의 사람들은 알지 못하지만 전문가들은 알고 있는 이러한 지식이 그 언어 공동체를 하나의 전체로 간주했을 때 전문가들을 통해 공동체에 귀속되며 그 단어의 사회적 의미의 한 부분이 되기 때문입니다. 이에 대해 퍼트남은 ≪이성 진리 역사≫에서 이렇게 말합니다.

"어떤 단어가 언어의 노동 분업에 따르고 있을 때 그 단어를 습득하는 '평균적'인 화자는 그 단어의 외연을 결정할 어떤 것도 습득하지 않는다. 특히 그의 개별적 심적 상태가 그 말의 외연을 결정하는 것은 확실히 아니다. 오히려 외연을 결정하는 것은 오로지 그 화자가 속한 언어 공동체 전체의 사회 언어학적 상태다."

> 제논님, 덕분에 숨 가쁘게 달려왔네요.

> 너무 급했나요? 제가?

> 조금요. 하지만 멋졌어요.

> 감사합니다.

> 피곤하기는 하지만 마무리 이야기를 들어야 하겠네요. 그래야
  생각할 거리가 많아지죠.
> 뫼비우스님도…… 참…… 하하하.

약간은 오만이 묻어 있는 웃음이었다.

난, 겸손을 모르는 바보다. 뫼비우스가 내가 상상하는 것 이상의
사람임을 알았더라면 그렇게 부끄러운 행동을 하거나 마음을 갖지는
않았을 텐데.

> 뫼비우스님, 제 이해에 따르면, 단어의 외연은 표준적 예로 사용
  되는 대상의 본성에 의존하지만 이러한 본성이 일반적으로 화
  자에게 충분히 알려지지는 않는다는 것입니다. 따라서 단어의
  외연은 명시적으로 주어진 표준과 동일한 내적 구조를 갖는 모
  든 대상들의 집합이 됩니다. 그리고 이러한 동일성 관계는 일종
  의 이론적 관계로서 단순한 언어 분석이 아니라 언어의 사회적
  분업을 통한 경험 과학적 탐구에 의해서만 밝혀지며, 새로운 과
  학적 발견에 따라 변경될 수도 있습니다. 이러한 관점에 따르면
  쌍둥이 지구의 예에서 1750년대와 1950년대를 거치면서 '물'의
  외연이 바뀌었다고 말하기보다는 1750년대에는 XYZ가 H_2O에
  대해 동일성의 관계를 갖는다고 잘못 생각했으나 1950년대에 이
  르러서는 그렇지 않다는 것을 비로소 알았다는 식으로 이야기
  할 수 있다는 것이죠. 그리고 만일 경험적 탐구에 의해 '물'이
  H_2O라는 사실이 밝혀졌다면 '물'은 모든 가능 세계에서 H_2O의
  구조를 갖게 됩니다.

> 네, 잘 들었습니다, 제논님. 그런데 그래서 무슨 말씀을 하시려는 거죠?

> 무슨 말이라뇨?

> 그래서 제논님이 하시고자 하는 말씀이 뭐냐고요?

아, 이런. 정작 중요한 걸 놓치고 있었다니.

할 말이 없었다. 텍스트 이해에만 치우쳤지, 미처 내 생각이 무엇인지는 잊고 있었다.

그럼, 그렇지. 어쩐지 너무 빠르다 했다. 잠시나마의 오만이 부끄럽다.

그래, 그래서 내 생각은?'

통렬한 한 수다.

그는 깊은 새벽, 미소를 지으며 떠나고, 나는 허망과 부끄러움에 붉어진 얼굴을 감싸고 있었다.

드디어 10월 말. 입시일은 다가오고, 친구들은 마음이 많이 급한가 보다. 그런데 나는 시간이 갈수록 더욱 느긋해지니 어찌된 일일까.

바쁘게 며칠이 지났다.

그 사이 동수는 수험생인 나를 제외한 채 다른 친구들과 함께 팀을 만들어 퍼즐 배틀에 참여했다. 그 퍼즐 배틀 예선전에서 동수팀이 승승장구를 한 일을 빼고는 별다르게 재미있는 일은 없었다. 삼촌이 주신 퍼즐 풀이에 대한 것도 별다른 진전이 없었다.

"계영(戒盈)"

나는 시험 준비를 하면서, 할아버지께서 친필로 남겨 주신 가훈을 보면서 내 경박한 성정의 헛됨을 곱씹고 있었다. 오죽했으면 할아버지가 '계영'이라는 가훈을 남기셨을까.

‘넘침을 삼가라!’ 한마디로 ‘오버하지 말라!’는 말 아닌가.

기죽을 일은 아니지만 뫼비우스를 생각하면 작아지는 내 모습에 부끄러움이 사그라지지 않는다.

무료한 시간이라고는 하지만 머릿속에서 그가 던진 말이 떠나질 않았다.

“그런데, 그래서 무슨 말씀을 하시려는 거죠?”

그래, 무슨 말을 하려고 했던 것인가?

그 답이 서두른다고 찾아지는 일은 아니지 않은가?

일단 차분해져야 할 것 같았다. 그리고 하나하나 이야기들을 다시 정리해 보기로 했다. 무수히 많은 말들이 파도치듯 이미지의 바다를 넘실거렸다.

폭풍이 불듯 거세게 몰아치더니 점차 잔잔해지기 시작했다. 저 멀리서 불빛이 보이기 시작했다.

등대다. 아, 등대.

그를 다시 만났다.

> 뫼비우스님, 지난번엔 너무 죄송합니다. 정작 해야 할 이야기는 못 하고 변죽만 때리고 말았군요.

> 아니에요, 제논님. 아주 유익한 대화였어요.

> 늘 따스한 위로의 말씀, 감사합니다.

> 아니에요. 정말입니다. 그나저나 더 진전된 말씀을 해 주시죠.

> 네, 그러죠.

> 감사합니다.

> 감사할 거까지야. 여하튼 우리는 논리적 연관성을 통해 언어적 구조를 매개로 로기토피아를 꿈꾸고 있는지도 모른다는 생각이

들더군요. 이 로기토피아의 바탕에는 결정론적 사고가 자리하고 있습니다. 그러나 과연 결정론적 사고가 타당할까요?

> …….

> 아닙니다. 우리는 그 결정론적 사고 너머에 또 다른 세계가 있음을 봅니다.

> 음……. 결정론적 세계는 규칙성에 기반을 둡니다. 이 규칙성의 핵심은 인과적 법칙성입니다. 제논님의 말씀은 과연 세계가 인과적으로 결정되어 있는가 하는 것이겠네요? 혹은 세계를 반드시 인과적 결정론 구조 속에서만 해명할 수 있는가 하는 것이겠네요.

> 네, 그렇습니다, 뫼비우스님. 문제는 거기서 시작된다는 것이죠. 왜냐하면 만약 세계나 인간의 사고 구조가 인과적으로 결정되어 있지도 않고 또 그러한 구조 속에서 해명할 수 없는 사태가 있다면 우리는 다른 논리적 설명 방식을 고려할 수 있기 때문입니다.

> 그럴 수 있겠네요, 제논님.

> 벤저민 리벳이 행한 실험을 예로 들 수 있을 것 같아요. 리벳은 외부 자극에 대해 인체가 보이는 반응 속도를 측정하는 일련의 실험을 하였습니다. 이 실험은 피실험자의 두뇌와 감각 자극 사이의 인지 여부의 시간 경과를 측정하는 실험으로 시간의 비가역성과 인과성에 관한 중요한 결과를 보여 주었죠.

> 어떤 결과였나요?

> 상식적인 경우에 인간의 신체는 자극을 감지하여 그것을 두뇌에 보내고, 두뇌는 그 자극을 인지하고 각 감각 기관에 해당 명령을 내려보냅니다. 이 과정은 시간적 순서에 따라 인과적으로, 순차

적으로 진행됩니다. 따라서 시간의 비가역성과 인과성이 성립한다면 두뇌가 자극이 도달하기도 전에 그 자극에 대해 인지하는 것은 불가능합니다.

> 그렇죠. 제논님, 일상에서는 가역성이 성립하지 않죠.

> 뫼비우스님, 그러나 실험의 결과는 피실험자의 두뇌가 감각을 충분히 인지하기도 전에 피실험자는 그 자극을 이미 알아차리고 있었다는 사실을 보여 줍니다. 두뇌가 감각을 인지하는 데 대략 0.5초의 시간이 필요합니다. 그런데 피실험자는 수천분의 1초 안에 이미 그 감각을 알아차린 듯한 반응을 나타냅니다. 이것은 감각이 대뇌에 도달하기도 전에 대뇌가 그것을 인식한 것처럼 반응했음을 의미합니다.

> 아, 네, 그렇군요.

> 이 실험은 후에 독일 막스플랑크연구소의 두뇌과학자인 존-데일란 하인즈에 의해 다시 검증됩니다.

> 아, 그래요?

> 네. 뫼비우스님, 이러한 현상을 어떻게 논리적으로 설명할 수 있을까요? 불행하게도 논리 구조 속에서는 이런 일이 벌어지면 안 됩니다. 감각이 대뇌에 도달하고 대뇌의 명령을 받아 신체 운동 기관을 통해 반응이 순차적으로 나타나야 합니다. 이것이 인과관계고, 그래야만 결정론적 해석을 내릴 수 있습니다. 그런데 감각이 대뇌에 도달하는 시간 전에 이미 대뇌가 그 감각을 인식하는 반응이 나타난다는 것은 반인과적 현상이 인지 체계에서 나타나고 있음을 의미합니다. 이러한 리벳 실험은 인과적 결정론적 구조로 담을 수 없는 현상이 있음을 보여 주는 예라고 할 수 있죠.

> 네, 그렇군요. 그렇다면 이런 경우도 생각해 볼 수 있겠네요.

> 어떤 경우요, 뫼비우스님?

> 우리의 두뇌에서 나타나는 또 다른 특성인데…… 우리의 두뇌가 규칙을 기반으로 진행된다면 두뇌에 대해 해명하는 것은 물론이고 사고 과정이나 마음에 대한 해명도 원리적으로 가능합니다. 그러나 우리의 두뇌에서는 불규칙적이고, 불연속적이며, 변덕스럽기까지 한 수수께끼 같은 현상이 일어납니다. 결정론적 사고는 이러한 수수께끼를 거의 해명하지 못하고 있죠.

> 아, 카오스 이론이요? 아주 적절한 예라고 생각됩니다, 뫼비우스님.

> 우리의 인지 과정의 핵심인 두뇌는 비선형적이며, 전체론적인 복잡계를 갖고 있는 것으로 보입니다. 이 체계를 보통 카오스 체계라고도 하는데 이때의 카오스란 마구 흐트러져 있는 어떤 상태를 말하는 것이 아니라 능동적이며 활기 넘치는 상태로서 새로운 질서를 산출해 내는 과정에서의 교란을 말합니다. 인간의 두뇌는 바로 그러한 새로운 질서를 향해 부단히 움직여 가는 그러한 능동적인 카오스 체계를 갖는 것처럼 생각되네요.

> 그렇죠. 전통적으로 작은 변화는 작은 효과만을 가져온다고 여겨졌습니다. 하지만 작은 변화는 증폭되고 갈래치기를 함으로써 엄청나게 큰 변화를 가져올 수 있음이 알려졌죠. 그것이 복잡계의 전형적인 특성 아닙니까…… 뫼비우스님?

> 네, 맞아요, 제논님. 따라서 두뇌도 이러한 특성을 갖는다면 이 점에서 두뇌가 주어진 문제를 해결하는 과정은 이러한 새로운 질서를 향한 혼돈의 과정을 밝힘으로써 보일 수 있겠죠.

> 뫼비우스님, 그러나 이러한 질서로의 변화는 미리 예측할 수 있

는 성질의 것이 아니라는 게 큰 어려움일 수 있죠.

> 아주 좋은 정보입니다, 제논님.

> 그래도 우리는 결정론적 사고가 보이는 선형적 논리 구조를 넘
어서서 새로운 방향을 찾아야 한다는 인식에는 도달하지 않았
습니까?

> 그래요, 제논님. 동의합니다. 제논님의 탁월한 식견입니다.

> 무슨 말씀을. 아직도 얼굴이 화끈거려요. 지금 용기백배해서 이
야기하는 것이랍니다.

> 하하하.

> 이야기로 돌아가서, 뫼비우스님. 전통적으로 사람들은 언어가
세계의 모습을 있는 그대로 드러내 주는 역할을 하고 있다고 생
각해 왔죠. 그래서 언어가 자연의 거울로서의 역할을 얼마나 정
확하게 수행하는가에 많은 관심을 기울였습니다. 표현이나 표
상, 가리킴, 대응이라는 말은 자연의 거울로서의 역할을 나타내
는 말들입니다. 그러나 과연 언어가 자연을 있는 그대로 드러내
는 거울일까요?

> 아니겠죠.

> 제 생각을 말씀드리면 이렇습니다. 지시론 혹은 결정론적 사고
에 의하면 세계를 담는 어떤 이론이나 가설이라는 언어는 그것
에 대응되는 사실 세계가 있느냐 없느냐에 따라 참과 거짓이 판
가름 납니다. 그러나 어쩌면 이론이나 가설을 참이게 만드는 언
어 밖의 사실 세계가 있느냐 없느냐는 우리의 관심 밖의 문제일
수 있습니다. 왜냐하면 비트겐슈타인의 말처럼 인간은 언어 밖
으로 나갈 수 없을지도 모르기 때문입니다. 이 경우에 우리는

언어 밖에 놓여 있는 사실 세계에 접근할 수 없습니다. 결국 우리가 사실 혹은 세계 혹은 실재라고 하는 것도 또 하나의 언어에 불과한 것은 아닐까요?

> 일리 있는 주장입니다, 제논님. 그렇다면 진리란 어디에 있나요?

> 글쎄요. 진리가 어디에 있는지는 모르겠지만, 진리에 다가가는 방법은 제안할 수 있을 것 같네요.

> 어떻게?

> 한 가지 방식은 언어와 사실 간의 관계를 떠나서 문제를 다르게 보는 것입니다. 지시론 혹은 결정론적 사고에서는 인간이 언어 속에 갇혀 있게 됩니다. 언어 체계가 세계이고 우리가 언어 밖으로 나갈 수 없다면 우리 언어는 저 밖의 세계에 대한 모든 것을 담아야 합니다. 그러나 그것은 불가능합니다. 왜냐하면 언어는 세계를 확정적으로 지시하지 못하고 그래서 세계를 담지 못하기 때문입니다.

> 오호, 제논님, 설득력 있는 주장입니다.

> 제 답은 간단합니다. 언어와 세계가 마주 서 있다는 생각과 언어의 참·거짓을 결정하기 위해서 언어와 마주 서 있는 세계를 탐색해야 한다는 생각을 버려야 한다는 것. 우리는 세계나 실재라는 것을 거론할 필요조차 없을지도 모릅니다. 언어 너머에 있는 저 밖에 무엇이 존재하는가에 마음을 쓸 필요조차 없을지도 모릅니다. 그것은 우리가 관심을 두어 봤자 접근 불가능한 것입니다. 그래서 아무 소용이 없습니다.

> 그래도 사람들은 미련을 갖지 않을까요, 제논님?

> 그래도 미련을 갖는다면 말하고 싶습니다. 결국 우리는 저 밖의

세계를 꿈꾸지만 전통적인 방식으로는 우리의 꿈을 이룰 수 없다고 말이죠. 왜냐하면 우리가 저 밖에 무엇이 실재한다고 말하자마자 우리는 저 밖의 세계를 보는 것이 아니라 우리의 언어에 의해서 조작된 언어적인 것만을 보기 때문입니다.

> 아, 네.

> 그런 상황에서 언어 너머에 있는 그 무엇은 하나의 거대한 허구일 뿐입니다. 그런 상황에서 인간은 근원적으로 언어 안에 갇혀 있을 뿐입니다. 따라서 언어 밖에 그 무엇이 있다는 생각에서 만들어 낸 세계니 실재니 하는 언어는 내던져 버려야 합니다. 그런 식으로는 실재에 관해서 말하지도 생각지도 말라는 것이죠.

> 제논님, 그럼 무엇을 해야 하나요?

> 뫼비우스님도 아시면서. 다른 관점으로 다시 세계를 꿈꾸는 것을 해야겠죠.

> 그렇군요. 드디어 제논님이 일이관지하셨네요.

> 일이관지라?

> 하나로 사물들을 꿰뚫어 보기 시작했다는 말입니다. 놀랍습니다. 그리고 축하드립니다.

> 아니, 그런 과찬을. 그래도 기분은 좋네요.

인간의 마음은 참 간사하다. 지옥 불구덩이에 있던 마음도 순간 천상의 열락으로 변할 수 있으니 말이다.

멀리 보이던 불빛이 좀 더 선명해졌다.

섬이든, 뭍이든, 정박할 곳이 가까워졌다는 뜻이겠지.

고마운 등대다.

PART 7
슈뢰딩거의 고양이

신은 주사위 놀이를 하지 않는다. 왜? 바쁘니까. 그리고 주사위가 없으니까.
나는 주사위 놀이를 한다. 왜? 한가하니까. 그리고 주사위가 있으니까.
어느 날 나는 신에게 '주사위를 빌려 줄까?' 하고 물었다.
그러자 신이 대답했다.
"필요 없어. 주사위 놀이를 하기에는 너무 바쁘거든."
"왜 그렇게 바쁜데?"
"계속 세계를 만들어야 하거든."
"좀 쉬었다 해."
"글쎄…… 그 말은 시지프스한테나 해."

어느 날, 중국 선종 5대 홍인대사가 가사와 법을 부촉할 6대 조사를 찾고자 제자들에게 게송을 지으라 명했다. 이에 수제자인 신수가 게송을 지어 올렸다.

몸은 보리의 나무요
마음은 밝은 거울과 같나니
때때로 부지런히 털고 닦아서
티끌과 먼지 끼지 않게 하리.

5조 홍인대사는 신수의 게송을 듣고 아직 그가 깨치지 못했음을 알고 다시 지어 오라 명했다. 신수가 게송을 다시 지어 올리지 못한 어느 날, 혜능이 게송을 지어 올렸다.

보리는 본래 나무가 없고

밝은 거울은 받침대가 없는 것
불성은 항상 청정하거니
어디에 티끌이 있으리오

마음이 본래 보리의 나무요
몸은 밝은 거울이라
밝은 거울은 본래 청정하거니
어디가 티끌에 물들리오

5조 홍인대사는 혜능이 깨쳤음을 알고 그를 6대 조사로 부촉하며 그에게 가사와 법을 전했다. ≪육조단경≫의 이야기다.

도대체 왜 신수는 아니고 혜능일까? 그런데 혜능이 더 친숙하게 느껴지는 것은 왜일까?

그런 의문 속에 드디어 입시를 치렀다. 무거운 짐을 훌훌 털어 버린 듯한 기분이지만 왜 그런지 뭔가 허전한 기분이 가득했다.

집으로 돌아와 가족들과 함께 저녁을 먹고, 친구들과의 약속도 뒤로한 채 그를 만났다.

> 제논님, 시험은 어땠나요?
> 뫼비우스님 덕분에 잘 봤습니다. 좋은 결과가 있을 듯싶습니다.
> 다행이네요. 고생 많이 하셨습니다.
> 맞아요. 고생은 좀 한 거 같네요.
> 그렇죠. 힘든 시기를 잘 버티셨습니다.

무감한 그라고 생각했는데…… 그가 내게 보인 관심과 걱정에 기분이 좋았다.

> 이제 본격적으로 이야기를 나누어 볼까요?
> 좋습니다.

역시 그다운 시작이다.

> 제논님, 어느 날 잠에서 깨 보니 걸리버가 아주 이상한 나라에 있었답니다.
> 뫼비우스님, 이번에는 《걸리버 여행기》인가요?
> 하하하. 원래 그런 이야기 속에 많은 상징들이 숨어 있잖아요.
> 그렇지요.
> 제논님, 여하튼 그 나라는 소인국이었죠. 그 소인국 사람들은 걸리버를 이리저리 살피다 걸리버가 악한 괴물이 아니라는 생각이 들었는지 자기들 마을로 데려왔습니다. 그리고 걸리버에게 먹을 것을 주었죠. 걸리버도 그에 대한 보답으로 마을의 힘든 일들을 도와주었죠. 그러던 어느날 소인국의 왕이 걸리버를 초대했습니다. 그러나 문제가 생겼습니다. 그곳은 소인국이기 때문에 소인국 왕의 궁전에 들어가는 일이 걸리버에게는 여간 난망한 일이 아닐 수 없었습니다. 소인국 왕의 궁전에 들어갈 때부터 그 궁전의 문이 부서질 수도 있고, 어쩌면 소인국 왕의 궁전 마저도 부서질 수 있습니다. 게다가 그 소인국 왕이 매우 변덕스러운 기질을 갖고 있다고 합시다. 그러면 문제는 더욱 심각해질 것

입니다. 혹시라도 걸리버가 왜 이렇게 불편한 궁전에 초대했느냐며 짜증을 낸다면 변덕스러운 왕은 매우 화를 낼 수도 있습니다.

> 서로가 불쾌해 하겠죠.

> 제논님, 그런데 결국 소인국 왕의 궁전이 부서졌다고 합시다. 소인국 왕은 화가 났고, 걸리버는 처음에는 이러한 일이 벌어진 까닭이 소인국 왕의 궁전이 너무 작았기 때문이라며 소인국 왕을 탓했다고 합시다.

> 뫼비우스님, 무슨 말을 하시려고?

> 무슨 말을 하려고 할까요?

> 글쎄요.

> 그런데 문득 걸리버는 소인국 왕의 궁전을 부수는 등의 일이 자신의 큰 덩치 때문일 수도 있다는 생각을 할 수도 있습니다.

> 그럴 수도 있겠죠?

> 제논님, 지난번 제논님의 멋진 마무리를 듣고 생각해 봤죠. 우리는 우리가 가지고 있는 관점을 바탕으로 세계를 보지 않습니까? 그래서 그 관점이 달라지면 세상도 다르게 보일 것입니다. 그러나 우리는 우리가 어떤 관점을 가지고 있는지도 모를 때가 있습니다. 그리고 어떤 관점을 가지고 있는지 알더라도 그 관점이 바른 것인지 아닌지를 모를 때가 많이 있습니다. 게다가 그 관점 외에 다른 관점은 존재하지 않는다는 무모한 발상까지 할 때가 있습니다. 그렇기 때문에 우리는 자기가 얼마나 큰 덩치인지를 자각하지 못한 채 작은 궁전을 갖고 있는 소인국 왕만을 탓하는지도 모르죠. 그 왕은 자기들 상황에 맞추었을 뿐인데.

> 걸리버처럼 말이죠? 뫼비우스님⋯⋯.

> 네.

> 대단하세요, 뫼비우스님. 제 생각을 더 멀리 진척시키셨군요.

> 제논님 덕분입니다.

> 별말씀을.

> 너무 겸손해하지 마세요.

> 뫼비우스님, 그렇다면 걸리버 이야기를 실제 과학 세계로 옮겨 볼 수도 있을 것 같아요.

> 기대되는군요. 제논님.

> 자연계에서 위치나 운동량은 일반적인 상황에서 관측할 때는 언제나 동시에 측정될 수 있는 물리량입니다. 그러나 우리가 전자와 같이 작은 물체를 관측하고 있을 때에는 위치나 운동량이 동시에 측정되지는 않습니다. 이 미시 세계에서는 다른 일들이 벌어지죠.

> 네, 맞아요. 그 다른 일들을 볼 수 있는 눈 속에서 우리는 때로는 아주 놀라운 깨달음을 얻곤 하죠.

> 뫼비우스님, 그래서 프레드 A. 울프는 ≪과학은 지금 물질에서 마음으로 가고 있다≫에서 전자의 위치와 운동량을 측정하는 방법에 대해 설명하고 있습니다. 보통은 베르너 하이젠베르크의 현미경 실험으로 알려져 있죠.

> 아, 그런가요?

> 네, 전자는 너무 작기 때문에 전자의 위치를 보려면 특별한 현미경이 필요합니다. 현미경은 물체에서 반사되어 나오는 빛을 렌즈를 통하여 모음으로써 물체의 상을 확대하는 장치입니다. 렌즈가 크면 클수록 더 많은 빛이 모아지므로 더 나은 상을 얻을

수 있죠. 그러나 더 나은 상을 얻기 위해서는 그에 상응하는 대가를 지불해야겠죠?

> 그 대가라 하면?

> 이를테면 그 대가로 우리는 빛이 우리가 보고자 하는 물체를 떠난 후 취하는 정확한 경로를 알 수 없게 됩니다.

> 과학에도 조예가 깊군요, 제논님.

> 별말씀을.

> 이야기를 계속하시죠.

> 울프의 설명을 계속 살펴보지요. 우리는 전자의 위치를 측정했기 때문에 전자가 어디에 있는지 말할 수 있어야 합니다. 그러나 미시 세계에서 그 위치는 정확한 곳이 아닙니다. 게다가 전자를 보기 위해서 아무 빛이나 사용할 수는 없겠죠. 아주 작은 것을 보기 위해서는 짧은 파장의 빛을 사용합니다. 빛의 파장이 짧을수록 광자의 운동량은 커집니다. 전자는 매우 작으므로 대단히 짧은 파장의 빛을 사용해야 합니다. 따라서 전자를 보기 위하여 사용되는 빛은 대단히 큰 운동량을 가지고 있어야 합니다.

> 그러나 제논님, 현미경의 큰 렌즈를 사용하여 전자의 위치를 알 수 있다고 하더라도 그 다음 순간 전자가 어디에 있는지 전혀 알 수 없지 않을까요?

> 그렇죠, 바로 그겁니다. 뫼비우스님. 전자를 보는 우리의 행위가 운동을 방해하기 때문입니다. 그래서 비록 전자의 위치는 알았지만 전자의 운동량은 불확실해지는 것이죠. 따라서 우리는 빛이 전자에 충돌하는 순간에 전자가 어느 방향으로 움직였는지

또는 얼마나 빠르게 움직였는지에 대해 전혀 알 수 없답니다.

> 그렇군요. 그렇다면 과연 이 문제를 어떻게 해결할 수 있을까요?

> 잘 아시면서.

> 정리해 주시죠, 제논님.

> 그럼 제가 정리를 하겠습니다. 아니, 울프의 설명을 인용해 보죠. 먼저 전자를 너무 세게 때리지 않는 빛을 사용해 보죠. 그러기 위해서는 긴 파장의 빛을 사용해야 합니다. 그러나 긴 파장의 빛을 사용할 경우 전자의 정확한 위치를 알 수 없게 됩니다. 다음으로 렌즈에 들어오는 빛의 양을 줄여보도록 하죠. 이렇게 하면 전자와 충돌하는 빛이 취하는 방향을 더 정확하게 결정할 수 있을 것입니다. 그러나 빛의 양을 줄이기 위해서는 렌즈의 구멍을 조금만 열어야 하는데 이때 구멍을 지나면서 파동처럼 휘어진 빛으로 인하여 변형되기 때문에 우리는 전자의 위치를 잘 모르게 됩니다.

> 음……. 다시 한번 설명해주시겠습니까?

> 너무 설명이 장황했나요? 다시 말하면, 전자를 보기 위해 짧은 파장의 빛을 사용하면 장애물을 만났을 때 장애물을 돌아가는 파동현상인 회절현상의 효과가 작아져서 전자의 위치를 더 정확하게 측정할 수 있습니다. 그러나 광자의 운동량이 커져 빛의 산란에 의해 전자의 되튐도 커져 운동량의 측정이 어려워져요. 반면에 긴 파장의 빛을 사용하면 운동량은 측정이 되는데 회절현상의 효과가 커지면서 전자의 위치가 불확실해져서 전자의 위치를 확인하기 어렵게 되죠.

> 네, 그렇군요. 아주 명료한 설명입니다. 이해했어요.

> 뫼비우스님. 우리가 대면하는 세계도 이와 같은 모습을 가지고 있는 것은 아닐까요? 세계의 조화를 해하지 않고 세계를 포착할 수는 없는 것 같습니다. 전자의 위치를 알면 알수록 전자의 진로인 운동량은 더욱더 모르게 되었습니다. 반대로 운동량을 정확히 알면 알수록 이번에는 전자의 위치가 모호해졌습니다. 왜 이런 일이 벌어지는 걸까요? 관측 행위 때문입니다. 관측 행위가 실재의 모습에 영향을 미쳐 상태를 변형시키기 때문입니다. 이것은 무엇을 의미하는 걸까요? 이 물음에 대한 답을 찾으면 우리는 진리에 보다 더 가까이 다가갈 수 있다고 생각됩니다.

우리는 서로의 이야기에 공감했다.
그렇게 이야기를 마무리하고, 우리는 다음을 기약했다.
12월 초. 화창한 어느 토요일 오후.
나는 동수와 여자 친구와 동수네 시골집에서 망중한을 보내고 있었다.
청명한 하늘 아래 황금 같은 햇살이 쏟아져 내리고 있었다.
거실 한편에 놓인 커다란 은행나무 그늘 아래 놓인 소파로 통신용 케이블 선을 끌어왔다. 동수와 여자 친구의 눈길이 곱지 않다. 그러나 그것도 이제는 일상이 돼 버렸다.
무릎에 노트북을 올려놓고, 밀린 일들을 처리한다. 삼촌이 부탁한 일들도 마무리하고, 며칠 동안 미루었던 일기도 쓴다.
12월 초의 아주 화창한 어느 토요일 오후, 시골에서 그를 만났다.

> 제논님, 앞서 우리는 한 문장의 진리치가 세계와의 대응 속에서 결정된다고 했습니다. 이때 진리치가 참과 거짓 둘만 있다면 한

문장의 진리치는 우리가 그 문장을 어떤 의도로 말했는지와 상
관없이 이미 결정되어 있다고 할 수 있습니다. 예를 들어 '비가
온다'는 문장은 나의 발화 의도와는 상관없이 참이든가 거짓이
될 것이라는 말이죠.

> 네, 동의합니다. 뫼비우스님.

> 그러나 지난번 전자에 대한 제논님의 이야기 중, 즉 전자의 예를
보면 무언가 다른 구조가 숨겨져 있음을 알게 됩니다. 이렇게 물
어봅시다. 현미경으로 들여다보기 전에 전자는 어떤 모습이었을
까요? 어디에 어떻게 있을까요? 내 눈앞의 장미는 눈을 감았을 때
에도 그 자리에 그대로 있다는 것을 우리는 압니다. 그런데 전자는?
대답하기가 어려울 것입니다. 왜냐하면 본 적이 없기 때문이죠.

> 네, 동의합니다. 지난번 우리가 공감했듯이, 사실 전자의 위치나
운동량은 우리의 관찰로 인해 드러납니다. 관찰 이전에는 어떤
모습으로 어디에서 무슨 일을 벌이고 있는지 알 수 없습니다.

> 그렇습니다, 제논님. 미시 세계의 모습은 우리가 현미경으로 관
찰해야만 보입니다. 보지 않으면 보이지 않는 것이죠.

> 뫼비우스님, 이러한 현상을 거시 세계에 적용해 봐도 재미있는
사례를 찾을 수 있을 듯싶네요. 이상하기는 하지만 우리는 거시
세계에서도 참과 거짓 외에 결정 불가능한 값 혹은 알 수 없는
값을 갖게 됩니다. 예를 들어 '2010년 1월 1일 아침 9시에 비가
올 것이다'는 문장을 생각해 봅시다. 이 문장의 진리치는 2010년
1월 1일 아침 9시에 가 보면 알 수 있겠지만 지금 시점에는 알
수 없습니다. 그리고 결정할 수 없습니다.

> 오, 재미있는 예를 찾았네요, 제논님.

> 감사합니다.

> 제논님, 제 생각엔 여기에 문제의 핵심이 있다고 생각해요. 참과 거짓의 이진법 세계에서 한 문장의 진리치는 '이 안'에 있는 나와는 독립적으로 결정됩니다. 그러나 참과 거짓 이외의 값도 허용하는 삼진법 이상의 세계에서 한 문장의 진리치는 어떻게 결정될까요? 이 문제의 해법을 보기 위해 슈뢰딩거의 고양이라는 재미있는 실험을 살펴보는 것이 도움이 될 듯싶네요.

> 슈뢰딩거의 고양이라……. 뫼비우스님의 지식은 그야말로 종횡무진이로군요. 게다가 그 지혜라니.

> 제논님도 만만치 않답니다.

> 그런가요?

> 제논님, 자, 제가 그림을 그리겠습니다.

> 네, 뫼비우스님. 시작하시죠.

> 고양이 한 마리를 상자 안에 둡니다. 상자 안에는 당장 고양이를 죽일 수 있는 독가스 분출 장치가 있습니다. 이때 어떤 원자의 방사능 붕괴 현상이 독가스 방출 여부를 결정합니다. 상자 밖에서는 그 안에 무슨 일이 일어나는지를 알 수 없습니다. 상자를 밀폐하고 실험을 개시합니다.

> 무섭겠군요……. 아, 잔인한 상상입니다……. 뫼비우스님.

> 그렇죠? 여하튼 한순간 뒤에 독가스가 방출되었을 수도 있습니다. 그렇지 않았을 수도 있고요. 문제는 그 안을 들여다보지 않고 그 안에서 무슨 일이 일어나는지 아는 것입니다. 과연 고양이는 죽었을까요, 아니면 살았을까요?

이해를 돕기 위해 부가적인 설명이 필요할 듯싶다. 이 실험 상황은 슈뢰딩거의 고양이라는 사고 실험으로, 상식적인 생각에 따르면, 우리가 상자 안에 고양이를 넣었고, 고양이는 분명히 상자 안에 있기 때문에 고양이는 살아 있든가 죽어 있을 것이다. 다시 말해 방사능 붕괴에 따른 독가스 방출이 일어나지 않았다면 고양이는 살아 있을 것이고, 방사능 붕괴에 따른 독가스 방출이 일어났다면 고양이는 죽어 있을 것이다. 이것은 고양이의 운명이 실험 초기에 이미 결정되어 있음을 의미한다. 우리가 할 일은 상자 뚜껑을 열고 고양이의 생사를 확인하는 것이다.

그러나 과연 그것으로 끝일까? 그러면 재미없겠지.

이런 생각은 어떤가? 우리들이 상자 안을 들여다보기 전에는 고양이의 운명이 결정되지 않는다. 우리들이 상자 안을 어떤 마음으로 들여다보느냐에 고양이의 운명이 결정된다. 좀 이상하게 들리겠지만 이런 생각이 황당하기만 한 생각일까? 아마도 뫼비우스는 그것을 노리고 있는 듯싶다.

> 제논님, 이해를 돕기 위해 다른 예를 하나 들어 볼게요.

> 어떤 예를 드실지 궁금하군요.

> 아주 오래전 MBC에서 방영되어 장안의 화제를 모았던 ≪일요일 일요일 밤에≫ 중 <이휘재의 인생극장> 코너가 있었어요.

> 네, 기억납니다. 두 가지 선택의 상황에서 무엇을 택하느냐에 따라 인생이 달라진다는 내용의 코너였죠.

> 맞습니다, 제논님. 이 코너는 기네스 펠트로우 주연의 ≪슬라이딩 도어즈≫라는 영화에서 비슷한 구조로 다시 재현됩니다. '이

것이냐 저것이냐, 그것이 문제로다.' 햄릿이 절규하며 고민하던 선택적 상황에서의 심각성과 맥을 같이하는 예들을 우리는 일상에서 많이 경험합니다. '그러나 고민하지 말라.' 저는 그렇게 말하고 싶군요. 어쩌면 그러한 상황에서의 선택은 아무런 문제가 아닐 수도 있기 때문이죠.

> 그렇죠.

> 다시 슈뢰딩거의 고양이로 돌아가 보죠. 상식적인 생각을 조금 비껴서 다시 생각하면 고양이는 살아 있든가 죽어 있는 것이 아니라 살아 있을 가능성과 죽어 있는 가능성을 모두 갖고 있을 수 있습니다. 그리고 세계도 그에 맞추어 둘로 나뉠 수 있습니다. 만약 전자에 대한 관측에서처럼 관측 행위가 전자의 위치나 운동량을 결정하는 것이라면 고양이의 생사를 관측하는 우리의 행위도 고양이의 생사를 결정할 수 있습니다. 게다가 우리가 고양이의 생사를 결정하는 방식도 다양할 수 있습니다.

> 아, 알겠습니다, 제논님. 한 가지 방식은 고양이가 살아 있으리라는 생각에 고양이가 살아 있을 가능성을 선택하는 것이겠죠. 그러면 고양이가 살아 있을 가능성만 우리 관측 행위에 들어오고 고양이가 죽어 있을 가능성은 붕괴됩니다. 그렇죠? 이 경우 고양이의 생사는 우리가 상자 뚜껑을 열기 전에 이미 결정된 것이 아닙니다. 우리의 선택에 의해 결정된 것이죠.

> 제논님, 놀랍습니다. 마저 말씀하시죠.

> 그럴까요? 다른 방식은 고양이의 생사를 선택하는 순간 선택을 하는 우리도 둘로 나뉘어서 살아 있는 고양이를 택하는 우리와 죽어 있는 고양이를 택하는 우리로 분리되는 것입니다. 이때 각

각의 세계는 가능성으로서가 아니라 실제로 모두 존재합니다. 다만 우리는 우리가 선택한 세계로 갈 뿐이지만.

> 그렇습니다, 제논님. 첫 번째 경우에는 두 가지 가능성 중 우리가 선택한 것이 실현되고 선택하지 않은 것은 실현되지 않습니다. 보통 코펜하겐 해석이라고 하죠. 그러나 두 번째 경우에는 두 가지의 가능성 모두가 실현되기 때문에 고양이는 살아 있는 동시에 죽어 있습니다. 보통 다세계 해석이라고 하죠. 그 세계의 어느 한쪽에서 그 고양이는 죽어 있고 그것을 우리가 보고 있습니다. 그 세계의 다른 쪽에서는 그 고양이가 살아 있고 우리들이 그것을 보고 있습니다.

> 네, 그렇죠. 그림이 그려집니다.

> 이것은 물리학에서 많이 다루는 예화입니다. 고전 물리학은 오직 하나의 눈에 보이는 그대로의 세계만이 있으며 그것이 전부라고 말합니다. 양자 역학은 그렇지 않을 가능성을 허용하고 있습니다. 양자 역학의 코펜하겐 해석은 세계가 어떻게 생겼느냐를 묘사하는 것을 피하면서 그것이 어떻게 생겼든 일상적인 의미의 실재가 아니라고 말합니다. 양자 역학의 다세계 해석은 우리들이 동시에 많은 세계, 헤아릴 수 없이 많은 세계에 살고 있으며 그 모두가 빠짐없이 실재한다고 말합니다.

> 네, 동의합니다. 뫼비우스님.

> 제논님, 그렇다면 과연 무엇이 옳으며, 그 상황에서 우리 세계는 어떻게 펼쳐질까요?

> 어렵네요.

> 진리를 볼 수 있을 것 같지 않은가요?

> 아, 그러고 보니 생각나는 게 있어요, 뫼비우스님.

> ???

> 한때 브라질의 방송사인 글로보 TV 네트워크가 시청자들이 투표로 드라마의 결말을 선택하는 프로그램으로 큰 성공을 거둔 적이 있습니다. 제목은 ≪보체 데치데≫. 우리말로 '당신이 결정한다'는 의미라는데, 이 프로그램은 매주 독립된 에피소드로 진행되면서 <이휘재의 인생극장>이나 ≪슬라이딩 도어즈≫와는 다르게 가능한 결말들을 사전에 다양하게 설정해 놓고 전화 투표 결과에 따라 가장 많은 지지를 얻은 결말을 채택해서 방영하는 방식으로 만들어졌습니다.

> 네, 그런 게 있었군요.

> 책에서 그런 내용을 읽은 기억이 나요.

> 제논님, 이런 종류의 일들은 사실 드라마뿐만 아니라 영화나 게임에서 이미 많이 실현되고 있잖아요. 이것은 무엇을 의미할까요? 세계를 보는 눈이 바뀌고 있음을 의미합니다. 물론 드라마나 영화, 게임은 기본적으로 현실과 가상의 구분을 전제로 합니다. 이 구분에만 머문다면 별다른 의미를 찾기 힘들 것입니다. 그러나 현실과 가상의 구분마저도 허물고 우리가 사는 세계 자체도 그럴 것이라는 가능성을 허용한다면 의미는 막대해집니다.

> 네, 이해할 수 있어요, 뫼비우스님. 우리는 우리가 대면하는 세계가 단단한 실재이고, 하나뿐이며, 확정된 것이며, 절대적이라고 생각합니다. 그런데 그 생각을 넘어서면 세계는 물렁물렁한 실재이고, 불확정적이며, 가능적이게 됩니다. 그렇다면 우리 자신의 존재나 우리 밖의 저 세계, 시간, 공간, 법칙, 논리 등의 의

미나 개념도 바뀌게 됩니다.

> 그래요, 제논님. 우리는 하나의 가능성이며, 세계도 가능성이고, 그 밖의 모든 것이 다 가능성입니다. 오직 그것만입니다. 그리고 그 가능성은 사실 아무것도 아니죠. 그렇다면 그 가능성마저도 걷어 낸다면? 가능성만 있는데 가능성을 걷어 내는 것이 가능할까요?

그가 화두를 남기고 떠나갔다.

그가 느끼고 생각하는 것을 그대로 느끼고 생각할 수 있어 가슴이 벅찼다.

뭍에 닿아 항구에 배를 정박시킬 수 있으리라는 희망이 나를 들뜨게 했다. 그러나 다른 한편 그가 남긴 화두의 무게가 만만치 않음을 어쩌랴.

시골에서의 망중한 동안 온전히 그 생각뿐이었다.

PART 8
시뮬라크르

어느 날 꿈에서 깨어나 보니 나는 구름이었다. 바람 따라 흐르다 보니 바람이 되었다. 그러다 비가 되었고 흙이 되었고 바위가 되었고 나무가 되었고 불이 되었고 하늘이 되었다. 나비가 팔랑거리며 다가와 물었다.

"너 꿈꾸는구나."

"꿈은 아까 깼는데."

"그게 꿈이야."

"너는?"

"나도 꿈이지."

"그럼 나는 누구지? 너는 원래 누구고?"

"몰라. 알 필요도 없고, 별로 중요하지 않아."

"왜?"

"그럼 다시 깨 봐."

그 어느 날 꿈에서 다시 깨 보니 집이었다.

퍼즐 배틀 회원한테서 메일이 왔다. 11살짜리 꼬마 회원이 보낸 메일이다. 제목인즉, '아킬레스의 비극'이다. 거북이와 아킬레스의 경주 이야기. 익히 알고 있는 내용이지만 '아킬레스의 비극'이라는 표현이 이채롭다.

"아주 슬픈 이야기를 하나 해 드릴까요? 어느 날 거북이가 그리스 최고의 달리기 선수인 아킬레스에게 경주를 청했답니다. 평소 매초 10m의 속도로 달릴 수 있는 아킬레스는 매초 1m의 속도로 달리는 거북이를 비웃으며 청을 거부했답니다. 그러나 거북이가 너무나 절실히 부탁하는 까닭에 아킬레스는 경주에 응합니다. 단 경주의 공정성과 재미를 위해서 거북이가 30m를 먼저 달린다는 조건으로 말이죠. 어떻게 되었을까요? 어떻게 되었냐면…… 거북이가 이겼죠. 우습죠? 그런데 왜 거북이가 이기게 되는지 형이 설명해 주세요."

귀여운 아이다.

어디선가 이 이야기를 들었나 본데, 이해가 잘 안 되었나 보다. 하긴 어른들도 이해하기 어려운 문제긴 하지. 하물며 11살짜리 꼬마가 이해하기란 더더욱 어렵겠지.

난 흐뭇한 미소를 지으며 꼬마에게 설명할 내용을 정리해 본다. 집에 돌아온 나는 노트북을 켜고 메신저를 열어 꼬마와 채팅을 시작한다. 오늘따라 유난히 반기는 꼬마다. 궁금해서 못 견디겠다는 표정이다.

> 형, 제가 보내 드린 숙제 하셨어요?
> 그럼 했지. 누가 내 준 숙제인데.
> 얼른 알려 주세요.
> 그러지. 거북이하고 아킬레스의 경주가 시작되었다고 하자.

나는 종이를 꺼내고, 펜으로 그림을 그린 것을 스캔해서 꼬마에게 보내 가면서 설명을 했다.

> 거북이가 30m 지점을 통과하자마자 아킬레스도 달렸단다. 그리고 곧 아킬레스는 3초 후에 거북의 출발점 A에 도착했다. 그때 거북은 3m 앞에 있는 B에 있게 되겠지. 아킬레스가 0.3초 후에 B에 도착하면?
> 거북은 그로부터 0.3m 지점인 C에 있겠죠.
> 아킬레스가 0.03초 후에 C점에 도착하면?
> 거북은 또 그로부터 0.03m 지점인 D에 있겠죠?
> 맞았다. 잘하는데! 아킬레스는 곧 거북을 따라잡을 수 있다는 기대에 부풀었단다. 그런데 이게 어찌된 일일까? 경주는 계속되었지만 아킬레스는 거북을 앞지르지 못하고 있었단다. 아직까지도.

> 아하, 그래서 비극이로군요?

> 그래.

꼬마는 고개를 끄덕이다 문득 다른 생각이 났는지 이내 질문을 한다.

> 근데 이해가 안 가요? 상식적으로 보면 아킬레스는 거북이를 앞지르는 것이 당연하지 않나요?

> 그렇지. 그러나 제논의 논리대로라면 아킬레스는 영원히 거북이를 앞지르지 못한단다.

> 왜죠?

> 먼저 아킬레스가 달리는 구간의 거리를 전부 더해 보자. 그러면 $30+3+0.3+0.03+0.003 \cdots = 30+0.333\cdots = 33+1/3$이 된다. 이해가 되니?

> 네.

> 자, 아킬레스가 거북을 앞지르기 위해서는 34m 지점을 지나야 하는데, 이 대로라면 아킬레스는 34m 지점을 갈 수 없단다.

> 왜요?

> 왜냐하면 33.333……은 결코 34가 아니기 때문이지. 따라서 거북이가 경주를 시작한 지점을 아킬레스가 지나가는 상황을 고집한다면 아킬레스는 제논의 논리대로 영원히 거북이를 앞지르지 못한단다.

> 아하. 그렇군요. 완전히 논리적인 문제네요.

'완전히 논리적인 문제'라고? 11살짜리 꼬마가 사용하기에는 좀 무리가 따르는 말인데.

그날 밤 뫼비우스를 만났다. 그에게 저녁에 있었던 꼬마와의 이야기를 했다.

> 불교식으로 말하면 근기가 있는 아이군요.
> 그런가요?
> 네. 훌륭하게 자랄 것입니다.
> 그럴까요? 참, 뫼비우스님, 그런데 아이에게 아킬레스 이야기를 하다 문득 떠오른 생각이 있어요.
> 무엇인가요? 그 생각이……?
> 뫼비우스님, 착시가 일어나는 상황을 생각해 보죠. 이 착시는 역설적 상황을 빚어냅니다. 보통 '네커의 육면체'라고 알려진 도형을 머릿속에 그려 보죠.

이해를 돕기 위해 네커의 육면체를 여기에 그림으로 남긴다.

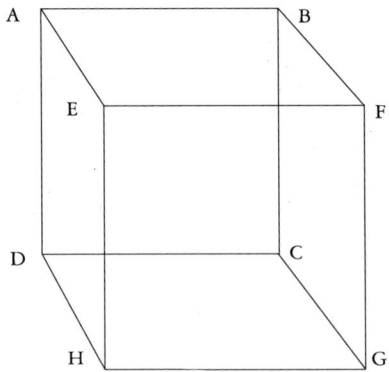

> 그림이 그려지시나요, 뫼비우스님?

> 그럼요. 제논님, 계속하세요.

> 이때 육면체의 어떤 부분이 우리를 향하고 있는 것일까요? 처음에 우리는 육면체의 사각형 ABCD가 우리 쪽을 향하고 있다고 말할 수 있습니다. 그러나 그림을 다시 한 번 바라보면 우리는 육면체의 사각형 EFGH가 우리 쪽을 향하고 있다고 말할 수도 있습니다. 이렇게 뫼비우스님은 관찰자로서 육면체를 바라보는 방향을 선택할 수 있습니다.

> 네, 이해합니다. 제논님, 그런데 이 그림을 보는 또 다른 관점이 있을 것 같네요. 아마도 그 때문에 역설이 생기는 게 아닐까 생각하는데.

> 어떤 관점 말씀이죠?

> 그림을 다시 보죠. 그 그림이 육면체로 보이는 것은 하나의 환상일 뿐입니다. 사실 그것은 여덟 개의 점과 열두 개의 선이 연결되어 있는 추상적인 그림에 불과합니다. 우리가 그 그림을 하나의 도형으로 보았다면 어느 면이 우리 쪽을 향하고 있는지를 선택해야만 합니다. 그러나 그것을 하나의 추상적인 그림으로 보았다면 아무것도 선택할 필요가 없습니다.[13] 일종의 인식적 프레임이 작동하기 때문에 빚어지는 일 아닌가요?

> 맞습니다, 뫼비우스님. 제 속에 들어왔다 나가신 분 같군요…….
말씀대로 그림이 추상적인 형태로 보일 때 사각형 ABCD나 EFGH는 어느 쪽이 우리 쪽을 향하는지는 중요하지 않습니다.

---

13) 프레드 A. 울프(박병철, 공국진역), 《과학은 지금 물질에서 마음으로 가고 있다》, 고려원미디어, 1995, pp.156 – 157.

어떻게 이렇게 보이는 것일까요? 그림 상자를 보고 있는 우리가 이러한 현상을 만들어 낸 것은 아닐까요?

> 그러고 나서 마음속에 '그것은 육면체이다'라는 하나의 그림을 창조해 낸 것일 수도 있죠.

> 그러나 육면체를 여덟 개의 점과 열두 개의 선으로 연결된 추상적인 모습으로 보는 것 역시 가능하겠죠.

> 맞습니다, 뫼비우스님. 그래서 우리가 보이는 것만을 바탕으로 그것이 육면체라고 고집할 때 비로소 우리는 육면체가 빚어내는 역설적 상황에 빠지게 되는 것이죠. 그러나 그 육면체는 마치 우리를 놀리기라도 하듯 하나의 관점에서 다른 관점으로 도약하고 있습니다.

> 제논님이 좋은 생각거리를 하나 주셨으니 저도 하나 말씀 드려야겠네요.

> 어떤 것일지 궁금합니다, 뫼비우스님.

> 지나친 기대는 금물이랍니다.

> 네.

> 제논님, 한 마술사가 있습니다[14]. 그 마술사가 우리에게 "나는 미래를 볼 수 있는 능력을 가진 위대한 사람이오. 내가 당신에게 선물을 주려고 하는데 당신이 나를 믿는다면 당신은 그 선물로 큰 부자가 될 것이오"라고 말하고는 우리에게 두 개의 조그만 금고를 주었다고 가정을 해 보죠. 처음 것은 빨간색 금고고 나중 것은 파란색 금고입니다. 마술사는 다시 말합니다. "빨간

---

14) 프레드 A. 울프(박병철, 공국진 역), 《과학은 지금 물질에서 마음으로 가고 있다》, 고려원미디어, 1995, pp. 180–182

금고에는 천만 원이 들어 있소. 그것은 당신 몫이오. 파란 금고에는 십억원이 들어 있거나 텅 비어 있소. 당신은 파란 금고를 선택하거나 아니면 둘 다를 선택해야 하오."

> 오호.

> 아마도 우리는 놀랄 것입니다. 처음에는 돈의 액수 때문에 놀랄 것이고, 다음에는 두 금고 중에 어느 하나를 선택하려니 생각했을 것이기 때문에 놀랄 것입니다.

> 뫼비우스님, 저라면 우선 마술사의 의도를 생각해 볼 거 같아요.

> 그렇겠죠, 제논님? 우리는 마술사의 의도가 궁금해질 것입니다. 마술사는 설명을 계속합니다. "십억원을 얻고 싶으면 당신은 나를 믿어야 하오. 내가 미래를 볼 수 있는 능력이 있다는 것을 잊지 마시오. 나는 당신이 어떤 금고를 선택할지 이미 알고 있소. 당신이 파란 금고를 선택한다면 나는 당신의 선택에 대한 대가로 금고 안의 십억원을 지불할 것이오. 그러나 만일 당신이 욕심을 부려 금고 두 개를 모두 선택한다면 그때 파란 금고는 텅 비어 있을 것이오. 그렇게 되면 당신은 빨간 금고 안에 있는 천만원밖에 갖지 못하게 될 것이오." 물론 여기서 마술사는 반드시 약속을 지키는 사람이라는 것을 전제해야 합니다. 그렇다면 우리는 이제 선택을 해야겠죠. 자, 금고 안에는 십억원이 들어 있거나 아니면 텅 비어 있을 수도 있습니다. 어떤 선택을 해야 할까요?

> 글쎄요, 뫼비우스님?

> 아마도 우린 이렇게 생각하겠죠? '그는 내가 어떤 선택을 할지 알고 있다고 했다. 그 말이 사실이라면 이미 모든 것은 결정되어 있다. 그러나 그가 나의 마음을 어떻게 미리 알 수 있다는 말

인가? 나 자신도 지금 어떻게 해야 할지 모르고 있는데 말이다. 저 마술사의 말을 믿는다면 나는 파란 금고를 선택하여 금고 안의 십억원을 얻게 된다. 그러나 그가 신이 아닌 이상 금고에 조작을 하지 못하는 상황이기 때문에 금고 안의 상황은 이미 어느 쪽이든 이미 결정되어 있다. 그렇다면 십억 원이 파란 금고에 들어 있거나 비어 있을 것이다. 그래 두 개의 금고를 모두 선택하여 십억원에다 천만 원을 더 가져야겠다. 그런데 저 마술사는 내가 이런 생각을 하고 있을 줄 미리 알고 있을 수도 있지 않은가?'

> 뫼비우스님, 혼란스럽네요.

> 그렇겠죠? 이쯤에서 우리는 혼란 속에 빠져들게 됩니다. 우리가 내릴 수 있는 결론은, 마술사의 말을 받아들인다면, 파란 금고를 선택해야 한다는 것입니다. 그렇다면 자유의지는 없게 됩니다. 모든 게 이미 결정되어 있는 것이죠.

> 그러나 제논님, 우리는 이렇게 생각할 수도 있죠. '저 마술사도 평범한 사람이다. 어쩌면 그는 나를 속이고 있는지도 모른다. 파란 금고 속에 십억원을 넣어 두거나 넣지 않았거나 그 두 가지 이외에 그가 할 수 있는 일은 없다. 그래 두 개의 금고를 모두 선택하자. 그래서 만약 파란 금고에 돈이 들어 있다면 나는 십억원하고도 천만 원을 얻는다. 만약 파란 금고가 비어 있다면 그것은 내가 파란 금고를 선택할 경우에도 여전히 비어 있을 것이다. 그러니 나는 손해를 볼 것이 없다.' 이렇게 말이죠.

> 네. 제논님, 그렇다면 님의 말씀대로 해서, 즉 우리는 마법사가 평범한 사람이기를 바라면서 두 개의 금고를 모두 선택했다고 합시다. 자유 의지가 이겼습니다. 정말 우리는 십억원에다 천만

원을 더 얻었을까요?

> 글쎄요?

> 제논님, 두 개를 모두 선택하면 마술사의 말대로 우리는 천만 원 밖에 얻지 못합니다. 따라서 당신은 파란 금고 하나만을 선택해야 합니다. 그러나 천만 원을 마저 얻지 못하게 됩니다.

> 아, 그렇게 돼 버리다니. 아깝네.

> 제논님, 이것은 역설적 상황을 만들어 냅니다. 이 문제를 어떻게 해결할 수 있을까요? 그냥 십억 원만 벌고 말까요? 아니면 두 개 다 선택하고 요행을 바라면서 최소한 천만 원은 얻을 수 있다며 만족해할까요?

그는 갔다. 좋은 화두가 생겼다. 하지만 너무 복잡하다. 머리를 흔들어 본다.

동생이 옆에서 책을 읽다 잠들었다.

천진한 얼굴이다.

겨울의 한기가 느껴지는 날. 오랜만에 퍼즐 배틀 회원들과 모임을 가졌다. 이런저런 신변 이야기가 오가고, 나는 지난번 뫼비우스와 나눈 이야기를 꺼냈다.

> 마술사의 유혹이라. 참 어려운 문제지.

> 쉽게 풀릴 문제는 아냐. 확실히.

그들과 이야기를 나누던 중 우연히 어떤 생각이 섬광처럼 스쳐 갔다. 동수가 말한다.

> 해답은 우리의 행위 속에 있는 것 같아. 우리의 행위가 바로 이러한 역설적 상황을 벗어나는 해결책을 제시하는 것은 아닐까?
> 하긴 운명이 지배하는 세계에서 선택이란 있을 수 없지. 다른 모든 것들과 마찬가지로 인간 역시 살아가고 죽는 과정에서 이미 결정된 길을 좇아가야만 한다. 의지에 찬 행위는 허용되지 않지.
> 바로 그거야. 그럼에도 불구하고 우리는 자신의 과거가 자유로운 선택이 이루어져 왔다고 생각하잖아. 그러나 잠시 돌이켜 생각해 보면 우리는 결코 다른 선택을 하지 않았을 것이라는 사실을 알게 되지.

다른 친구가 말한다.

> 어쩌면 우리의 과거를 돌아보며 다른 선택을 하지 않은 것을 후회할지도 모르지.
> 그래서 말인데…… 다시 한 번 돌이켜 보면, 그 후회스러운 선택을 하던 당시에는 그것이 옳은 선택임을 증명하는 어떤 이유가 있었을 거야. 다시 말해서 우리는 나름대로 완전히 논리적이고 합리적으로 행동했던 것이지.

집으로 들어와서 나는 내 생각을 정리해 '생각들'이라는 이름의 파일에 옮겨 넣기 시작했다.

"생각.
많은 사람들이 결정론이나 운명론을 믿고 있다. 미처 예견하지 못한 현상이 일어나면 사람들은 말한다. '봐라, 내가 그럴 거라고 말했었지? 그게 바로 네 팔자야. 운명이라고.' 그러나 결정된 삶을 운명처럼 받아들이기에는 무언가 억울하다. 때로는 열심히 우리 삶을 개척해 왔다고 생각했었는데. 허탈하기도 할 것이다. 미리 알았더라면 하면서. 과연 어떤 관점이 옳은가? 이상하겠지만 두 개의 관점이 동시에 맞기도 하고 동시에 틀리기도 하다. 어쩌면 우리는 우리 자신의 실재를 창조함과 동시에 그 창조의 희생양일 수 있다."

뫼비우스가 했던 말이 생각난다. 그때 뫼비우스는 에르빈 슈뢰딩거가 ≪나의 세계관≫에서 한 말을 인용하며 말했다.

> 제논님, 우리가 누리고 있는 삶은, 슈뢰딩거의 말처럼, 단순히 '전체의 한 부분'이 아닐까 하는 생각이 들어요. 각 개인의 삶 전체가 바로 '전체'가 아닐까요?

> 이해할 듯도 하지만, 쉽게 동의하기 어렵군요, 뫼비우스님.

> 그런가요? 그렇다면 이렇게 보면 어떨까요, 제논님? '나는 동쪽에도 있고 서쪽에도 있다. 나는 위에 있으며 또 아래에 있다.' 그러니 '내가 곧 전체 우주다.'

> 아직은 제 눈으로 그걸 파악하기는 어려운 일인가 봅니다, 뫼비우스님.

> 시간이 필요하겠죠. 아님, 제가 틀릴 수도 있고. 하지만 '내가 곧 전체다'라는 불교적 사고방식 혹은 슈뢰딩거의 언급이 나를 흔들어 깨우네요.

아, 바로 그것인가? '내가 곧 전체다!' 내가 만든 세계니 내가 곧 우주고 전체일 수 있겠지.

이것이 다르게 보는 사고의 출발점인 것이다. 이 출발점이 자기 자신을 들여다보는 마음이며, 자신의 위치에 대한 역설적 상황을 해결하는 마음이다. 이런 가운데 모든 것은 모순 없이 조화롭게 존재할 수 있다.

이것은 유아론을 함축한다. 유아론에 따르면 우리가 알 수 있고 또 증명할 수 있는 유일한 존재는 바로 '나'라는 존재뿐이다. 따라서 이 '나'는 모든 존재와 인식의 기본이 된다. 그 외의 모든 것은 명확하지 않다. 유아론이 말하는 핵심은 모든 것이 '나'에 의해 좌우된다는 것이다. 내가 모든 것을 창조해 낸다.[15]

항구가 눈앞에 있다. 정박할 수 있을 듯싶다.

옮겨 적기가 끝날 즈음 그가 나를 찾아왔다.

그가 말했다.

> 우리 삶을 반추해 볼 수 있는 이야기를 하나 해 보죠, 제논님.
> 뫼비우스님은 언제나 풍부하시군요.
> 그런가요?
> 계속하시죠.
> 야구 선수 출신인 주인공 래리, 제임스 벨루쉬의 배역이었죠. 그의 고등학교는 주내 고교 야구 대회에서 결승전에 진출합니다. 이날은 공교롭게도 그의 14번째 생일날. 9회 말 투아웃 주자 3루의 상황에서 그는 타석에 오릅니다. 영화가 늘 그렇듯이. 볼카운트는 투 스트라이크 쓰리 볼. 투수는 공을 던지고 래리는 삼진 아웃으로 처리됩니다. 그날 이후로 래리는 그 상황이 자신의 인

---

15) 프레드 A. 울프(박병철, 공국진 역), 《과학은 지금 물질에서 마음으로 가고 있다》, 고려원미디어, 1995, pp. 220－221

생을 완전히 바꾸어 버렸다고 푸념하며 살아갑니다.

> 낯익은 스토리군요.

> 그럴 거예요. 여하튼 한참의 시간이 지난 후 래리는 그날 경기 뒤에 구석에서 눈물을 흘리는 그에게 손수건을 건네주던 소녀 엘렌, 아마 린다 해밀턴이었을 거예요. 그녀와 결혼해서 그야말로 따분한 삶을 살아갑니다. 그러던 어느 날 래리는 너무도 재수 없는 일만 벌어지는 35번째 생일을 맞습니다. 커피 가루를 숟가락으로 떠먹으며 시작된 하루는 같은 회사 현장에서 근무하는 아내와 아버지의 부탁으로 부사장 방에서 서류를 뒤지다 들키는 일로 그리고 퇴근길에는 차 고장으로 이어집니다. '차도 인생도 바뀌어야 해!'라는 한탄 속에 견인차를 부르러 길가의 바로 들어간 래리는 바의 주인인 마이크, 마이클 케인이었을 거예요. 그에게 자신의 신세를 털어놓다 그가 건네준 '엎질러진 우유'라는 이름의 칵테일을 마시고 이상한 경험을 하게 됩니다.

> 아, 기억났어요. 뒷이야기는 이렇죠?

> 역시.

> 시간을 거슬러 20년 전 주내 고교 야구 결승전으로 다시 돌아간 래리는 멋진 홈런을 쳤으며 사장이 되어 화장실이 15개나 있는 집의 주인으로 호사스런 삶을 살게 됩니다. 아버지는 어머니와 이혼하고 젊은 여자와 사귀고 있고, 사원들은 부당 행위와 학대로 래리를 증오하고 있으며, 남의 아내가 된 엘렌은 노조 위원장이 되어 있었습니다. 게다가 래리는 부사장과 짜고 회사를 팔아치울 생각을 하고 있습니다.

> 맞아요, 제논님. 모든 게 달라진 상황. 그러나 래리는 그 어느 것

도 받아들일 수가 없었죠. 그러던 중 래리는 위험을 느낀 부사장의 꾐에 빠져 회장 살인 혐의자로 몰려 도망자 신세가 되었습니다. 이윽고 경찰에 쫓기다 다시 바로 들어가고, 다시 칵테일을 마십니다. 사이렌 소리가 나고 바의 문이 열리며 '이젠 잡혔구나' 하는 순간에 들려오는 소리는 '여기서 견인차를 부르셨어요?' 하는 견인차 운전수의 말이 들리죠. 다시 현실로 돌아온 래리는 부사장의 음모를 알게 되고, 회사로 달려가서 부사장의 턱에 주먹을 날리고 음모는 폭로되며 래리는 해고됩니다. 그러나 홀가분한 마음으로 돌아온 집에서 기다리는 것은 그를 위한 생일 파티와 부사장의 음모를 밝혀 준 공로에 대한 보답인 부사장 자리였죠.

이 이야기는 제임스 오르 감독의 ≪칵테일 인생≫이라는 영화의 줄거리다. 이 이야기는 어떻게 보면 마치 타임머신에 관한 내용처럼 보이기도 한다. 그러나 현실을 보는 안목 혹은 방식을 우리에게 제안한다. 예를 들면 따분하고 재미없다고 느껴지는 현실도 어떻게 보느냐에 따라 새롭게 해석되어 즐거운 현실로 바뀔 수 있다는 것이다.

오래전에 동수가 재미있는 비디오라며 비디오가게에서 빌려 온 이 영화에 이런 의미가 숨겨져 있을 줄이야.

뫼비우스가 말한다.

> 제논님, 시뮬라크르라는 말, 아시죠?
> 실제로는 존재하지 않는 대상을 존재하는 것처럼 만들어 놓은 인공물 말이죠? 뫼비우스님.

> 네. 바로 그겁니다. 이 영화의 주인공 래리는 시뮬라크르 개념처럼 실제로는 존재하지 않는 상황을 가상으로 경험하고 있습니다. 그러나 그것이 시뮬라크르인지 아닌지는 모르는 일이죠.

> 동의합니다. 뫼비우스님.

> 제논님, 어쩌면 우리가 사는 세계가 이 시뮬라크르와 같은 세계는 아닐까요? 혹은 우리가 래리와 같은 삶을 살고 있는 것은 아닐까요?

> 그럴 수도 있다는 생각이 드네요.

> 제논님, 제 생각엔…… 중요한 것은 어떤 생각으로 어떤 경험을 하며 어떤 삶을 사느냐인 듯싶어요. 그 가운데서 현실은 늘 가능성으로 존재하고, 선택은 가능성을 실현하는 계기가 되며, 가능성이 실현되는 순간에 우리는 우리 삶을 만들고 있는지도 모르죠.

예전과는 다르게 결연한 주장이다.

그는 떠나고, 나는 뫼비우스의 말을 곱씹으며 상념에 잠겼다.

"현실은 늘 가능성으로 존재하고, 선택은 가능성을 실현하는 계기가 되며, 가능성이 실현되는 순간에 우리는 우리 삶을 만들고 있는지도 모른다."

바로 그거다. 이제 확연히 모든 것이 보이기 시작했다.

혼미 속에서, 혼돈 속에서 방황하던 내게 한 줄기 빛이 천둥 치듯 파열음을 내며 내게 쏟아져 내렸다.

아, 나는 보았다.

아, 나는 보았다.

PART 9
아리아드네의 실

서산에 해가 뉘엿뉘엿 질 무렵 날아갈 채비를 하는 미네르바에게 괴델이 물었다.

"이름이 뭐니?"

미네르바가 대답했다.

"괴델이라고 한다네."

괴델이 말했다.

"괴델은 내 이름인 걸."

미네르바가 대답했다.

"내 이름은 미네르바라네."

그러자 괴델은 껄껄 웃어 버렸다.

한동안 그를 만나지 못했다. 무슨 일이 있는 것일까?

가슴이 답답한 게, 까닭 모를 서글픔이 밀려들었다.

아파트 창밖으로 한껏 묻어나는 겨울의 흔적을 보며, 그에 대한 그리움을 되새겨본다.

오랜만에 삼촌 연구실에 갔다.

"띠리링!" 동수의 전화다. 자기가 운영하는 퍼즐 관련 커뮤니티 사이트에 연재할 글을 빨리 올려 달라는 부탁이다. 뫼비우스에 대한 그리움을 접고, 인터넷에 접속해서 웹하드를 열고, 연재할 글을 써 놓은 파일을 다운로드받아 연다.

> "빨간 것들의 집합, 운동화의 집합, 예쁜 여자들의 집합 등 우리는
> 일상에서 집합이란 말을 자주 사용한다. 그런데 이 집합의 구조를
> 들여다보면 이상한 것을 볼 수 있다. 예를 들어 호랑이의 집합이
> 호랑이일 수 있는가? 홍길동의 집합이 홍길동일 수 있는가? 집합이
> 우리들의 직관이나 사고로 분명하게 구별할 수 있는 대상들을 하

나의 전체로 모아 놓은 것이라고 할 때 호랑이의 집합은 호랑이일
수 없고 홍길동의 집합이 홍길동일 수는 없다."

글을 수정하면서도 뫼비우스 생각이 났다. 뫼비우스에 대한 그리
움이 쉽사리 사라지질 않는다. 그와 보냈던 시간들이 파노라마처럼
지나간다.

"이 구조를 좀 더 면밀히 보기 위해 재미있는 상황을 만들어 보자.
어떤 나라에서는 모든 시는 시장을 갖고 있어야 한다. 그러나 시장
은 그 시에 거주하고 있지 않는 경우가 많다. 그래서 법률을 제정
해서 그와 같은 시장만을 모두 모아서 아주 특별한 시인 시장시를
만들었다. 이때 이 시장시의 시장은 누가 되어야 할까? 이 경우 역
설이 생긴다. 왜냐하면 누군가가 그 시장시의 시장이 되었다면 그
시장은 선출되자마자 시장시의 구성원으로서의 자격을 잃게 되기
때문이다. 또 시장이 된 사람이 그 문제를 피하기 위해 다른 시에
거주하면 시장시 제정 법률에 따라 그 시장은 시장시에 거주해야
만 하기 때문이다."

"똑똑똑!" 동수다. 성질도 급하긴.

"러셀은 이러한 집합 개념이 갖고 있는 문제를 지적하며 러셀의 역
설이라고 알려진 것을 제안한다. 자기 자신을 구성 원소로서 포함
하지 않는 집합의 전체를 S라고 하자. 이때 S 자신은 S에 포함되는
것일까 아니면 포함되지 않는 것일까? 가령 S가 S에 포함된다고 가
정해 보자. 그러면 S는 자기 자신을 구성 원소로서 포함하는 것이
기 때문에 S는 S를 포함하지 않는다는 S의 정의와 모순이 된다. 이
번에는 S는 S에 포함되지 않는다고 가정해 보자. 그러면 S는 S의 정
의에 따라 S에 포함되어야 하기 때문에 역시 모순이 생긴다."

> 오해하지 마. 감시하려고 온 게 아니라 바둑이나 두려고 온 거니까.
> 바둑? 연재할 글 빨리 올리라고 감시하려는 게 주목적 아냐?

> 겸사겸사지, 뭐. 참, 삼촌은 언제 오시냐?

> 연말에 오실 거 같은데.

> 얼른 오셨으면 좋겠다.

> 왜?

> 천재는 대화할 다른 천재가 없으면 외롭거든. 그래서 나, 무지 외로워.

천재성이 묻어나는 얼굴로 웃는다. 좋은 사람이라는 느낌을 주는 얼굴이다. 나는 바람 빠지듯 웃음을 터뜨리며 그에게 잠시 기다리라고 한 뒤 마저 글을 수정한다.

"그렇다면 이러한 역설을 해소하는 방법은 없는가? 있다. 역설은 자기 지시적 구조를 가지고 있기 때문에 발생한다. 따라서 자기 지시적 구조가 되지 않도록 위계를 만들면 역설의 문제는 해소된다. 예를 들어 '나는 거짓말을 하고 있다'고 진술하는 사람을 가정해 보자. 이 사람은 거짓말을 하고 있는가, 아닌가? 만약 그가 거짓말을 하고 있다면 그의 진술은 거짓말이 되므로 그는 참말을 하는 셈이고, 그가 참말을 하고 있다면 그의 진술은 참말이므로 거짓말을 하는 셈이 된다. 이것은 명백한 역설이다. 이때 '나는 거짓말을 하고 있다'의 '나'와 그 문장을 진술하는 '나'는 위계가 다르다. 위계가 다르기 때문에 참과 거짓의 평가어를 동등하게 적용할 수 없다. 위계마다 다른 평가어를 적용하기 때문에 따라서 역설은 해소된다. 그러나 그 위계의 끝에서 위계를 모두 모은 집합이 존재한다면 그 집합은 다시 역설에 빠지지 않을까?"

이 정도면 되지 않을까?

오타를 수정하고, 내용을 조금 더 첨가하고, 멋진 마무리까지. 그리고 동수 이메일로 글을 보낸다.

그러다 갑자기 삼촌의 퍼즐도 이러한 구조를 갖고 있다는 생각이 떠올랐다. 너무도 기쁜 나머지 동수에게 자랑이라도 할 요량으로 동수에게 고개를 돌린다.

동수는 혼자서 바둑 묘수풀이하다 어느새 잠이 들었나 보다. 깨울까 하다 가만히 동수를 바라본다.

그는 무슨 꿈을 꿀까?

궁금하다.

계절이 겨울 모습을 완연히 갖춘 12월 중순의 어느 날.

소리 없이 그가 왔다.

예전에도 요란하게 나타난 것은 아니지만, 오늘은 조심스럽기까지 하다.

> 안녕하세요, 제논님.
> 반가워요, 뫼비우스님. 어디 아프셨어요?
> 아니요. 일이 좀 많았어요. 그래서 바빴고. 무척.
> 네, 그러셨군요. 걱정 많이 했어요. 그냥 느낌이 안 좋았거든요.
> 네, 괜히 걱정을 끼쳐 드렸나?

별일 없었다는 그의 말이 믿겨지지 않았다. 어투에서 느껴지는 알 수 없는 허전함.

마치 그가 멀리 떠나 버릴 것 같은, 그래서 영영 돌아오지 않아 나만 남을 것 같은 외로움.

상념도 잠시, 우리 이야기는 곧 깊어졌다.

> 제논님, 우리는 엄밀한 수학적 체계에 대해 많은 믿음을 지녀 왔습니다. 그러한 믿음은 만약 수학적 문제가 정확하게 기술될 수 있으면 그것이 아무리 복잡하고 어려운 문제라고 하더라도 결국은 그 해답을 발견할 수 있다는 가정에 근거를 두고 있죠.

> 동의합니다, 뫼비우스님. 그래서 힐버트는 이러한 믿음을 증명하기 위해 모든 수학적 문제가 참이나 거짓인 문장으로 구성될 수 있는 형식 체계를 구성하는 계획을 제안했죠. 이 제안의 바탕에는 힐버트가 1917년 취리히에서 제기한 다음과 같은 네 가지 근본 문제가 있습니다.

1) 모든 수학적 문제는 원리적으로 해결 가능한가?
2) 수학적 증명의 간명성을 측정하는 기준을 찾을 수 있는가?
3) 수학적 서술에서 내용과 형식의 관계를 찾을 수 있는가?
4) 수학적 문제를 유한 과정에서 해결할 수 있는가?

> 맞습니다, 제논님. 이 근본 문제들은 1922년에 완전한 힐버트 계획으로 나타나죠. 이 완전한 힐버트 계획은 당시 사용되는 논리학 체계를 형식화하고, 수학적 체계를 형식화하며, 공리적인 체계가 일관적임을 형식 체계에 대한 추론으로 증명한다는 세 가지 단계로 나누어 정식화할 수 있습니다.

> 뫼비우스님, 제가 알기로는, 이 계획은 1차 술어 논리 내에 있는 임의의 정식의 진위를 결정하는 문제, 즉 결정 문제에 해답을 제시하는 것으로, 형식 체계 내에 어떤 문장이 주어지면 그것의 진위를 결정하는 형식적 규칙들에 해당하는 효과적인 절차를 발

견하는 것이었죠.

> 네, 그래요. 만약 힐버트 계획이 성공한다면 모든 수학을 기계적 계산으로 환원시킬 수 있었을 거예요. 그러나 쿠르트 괴델은 불완전성 정리를 통해 그러한 계획이 달성될 수 없음을 증명하였죠. 불완전성 정리에 의하면 수론에서 문장을 구성하는 임의의 일관적인 형식 체계는 증명될 수 없는 참인 문장을 그 체계 안에 포함하고 있으므로 힐버트가 기대했던 그러한 효과적인 절차는 있을 수 없었죠.

> 동의합니다, 뫼비우스님.

> 제논님, 그렇다면 힐버트 계획을 좌절시켰다고 알려진 괴델의 불완전성 정리란 무엇일까요?

단순히 괴델 불완전성 정리가 무엇인지를 묻는 것인가? 아니면 괴델 정리에 대한 정확한 이해를 묻는 것인가?

그의 질문은 깊은 이해를 필요로 한다.

> 제논님, 아시다시피, 괴델 불완정성 정리는 자연수의 이론을 형식화해서 얻은 체계가 무모순할 때, 즉 모순이 없을 때 그 형식 체계에는 증명이 불가능하지만 참인 문장이 적어도 하나 존재한다는 것을 말합니다. 이 괴델의 불완전성 정리는 보통 우리의 사고의 한계 혹은 논리적 증명의 한계를 보여 주는 정리로 평가되어 왔죠. 이 괴델의 불완전성 정리를 살펴보도록 하죠.

도대체 그는 누구인가? 이번에는 괴델이란 말인가?

그의 이야기를 정리하면 이렇다. 우선 문장을 형식화하여 이것들을 각각 하나의 기호열로 나타낸다. 그리고 각 기호열에 괴델수를 대응시킨다. 이때 괴델수를 대응시키는 방식은 다음과 같다.

상항 기호	~	∨	→	≡	∃	0	s	(	)	,
괴델수	1	2	3	4	5	6	7	8	9	10

변항 기호	x	y	z	……	p	q	r	……	P	Q	R	
괴델수	11	13	17	……	11^2	13^2	17^2	……	11^3	13^3	17^3	……

이렇게 해서 괴델수 부여를 한 다음에 '괴델수 g를 갖는 문장은 증명이 불가능하다'라는 문장을 기호열로 나타내고 이것을 G라고 하자. 이때 G의 괴델수는 g가 된다. 그러면 다음과 같은 자기 지시적인 문장을 만들 수 있다.

G: 문장 G는 증명이 불가능하다.

이 G를 증명할 수 있다면 G는 증명이 불가능하기 때문에 모순에 빠진다. 그렇다면 이번에는 G의 부정 문장을 만들어 보자.

~G: 문장 G는 증명이 가능하다.

이 ~G의 증명이 가능하다고 하면 G는 증명이 불가능하게 되는데 G는 증명이 가능하다고 했기 때문에 역시 모순이 발생한다.
무엇인가가 갑자기 머리에 떠올랐다. 맞다. 이것이다. 삼촌이 주신 퍼즐의 실마리. 그렇다. 바로 자기모순적 상황이다.

예를 들어 퍼트남이 ≪이성 진리 역사≫에서 들고 있는 다음과 같은 상황을 가정해 보자. 이른바 통 속의 두뇌라고 하는 상황이다. 어떤 사람이 사악한 과학자에 의해 수술을 받았다. 그 사람의 두뇌는 육체에서 분리된다. 그리고 두뇌를 계속 살아 움직이게끔 해 줄 영양분이 가득 담긴 기계 속에 옮겨진다. 신경 조직은 컴퓨터에 연결되어 있고, 컴퓨터는 그 사람으로 하여금 수술을 받기 전과 다름없이 정상적으로 보이는 환각을 일으키도록 만든다. 이런 상황에서 사람들, 사물들, 하늘 등은 모두 존재하는 것처럼 보이지만 실제로 그 사람이 경험하는 것들은 컴퓨터로부터 신경 세포에로 이어지는 전기 자극의 결과다.

이런 경우를 영화에선 본 기억이 없는가? 똑같지는 않겠지만 많은 SF 영화가 이런 식의 내용을 바탕으로 만들어지고 있지 않은가.

퍼트남이 제시하고 있는 흥미로운 상황을 계속해서 보자면 이렇다. 컴퓨터는 그 사람이 손을 올리려고 한다면 손이 올려짐이 자동적으로 '보이고', '느끼게' 되도록 교묘히 프로그램되어 있다. 그뿐 아니라 사악한 과학자는 여러 가지로 프로그램을 변형시킴으로써 그 사람에게 기억을 임의로 이식할 수도 있다. 예를 들어 사악한 과학자는 그가 두뇌수술을 받았다는 기억을 지워 버림으로써 그 사람이 항상 그러한 상황에 있어 온 것처럼 보이게 할 수도 있다. 심지어는 그 사람으로 하여금 그가 의자에 앉아 어떤 사악한 과학자가 사람들의 두뇌를 떼 내어 뇌를 계속 살아 움직이게 할 영양분이 담긴 기계 속에 집어넣는다는 가정을 기술한 글을 읽고 있는 것 같은 착각을 일으킬 수도 있다.

놀랍지 않은가? 더 나아가 보자.

신경 세포는 그 두뇌의 주인공으로 하여금 이러저러한 환상을 일으키도록 하는 컴퓨터에 연결되어 있다. 한 사람의 두뇌가 아니라 모든 사람의 두뇌가 실제로 기계 속에 들어 있는 두뇌라고 상상할 수도 있다. 어쩌면 사악한 과학자란 존재하지도 않았고, 우주는 온통 두뇌와 신경 조직으로 가득 찬 기계만을 만들어 내는 자동 프로그램으로 구성되어 있는지도 모른다.

이번에는 그 자동 프로그램이 우리에게 서로 연관성이 없이 각각 분리되어 있는 환각들이 아니라 하나의 집단적인 환각을 경험하도록 만들어져 있다고 상상해 보자. 그런 상상 속에서는 내가 당신에게 말하고 있는 것처럼 내 스스로 인식할 때, 당신에게는 당신이 나의 말을 듣고 있는 것처럼 보일 것이다. 물론 이때 나의 말이 당신의 귀까지 실제로 다다르는 것은 아닐 것이다. 왜냐하면 당신에게는 실제의 귀가 없고, 나에게는 입과 혀가 없기 때문이다.

내가 말을 할 때 실제로 일어나는 일은 나의 뇌에서 발생한 전기 자극이 기계적으로 조작되어 나는 나 자신의 음성을 '듣고', 내 혀의 움직임을 '느끼게' 하고, 당신은 내 말을 '듣고', 내가 말하는 것을 '보게' 하는 것들이다. 이 경우 어떤 의미에서는 당신과 나는 의사소통을 한다고 할 수도 있다. 그리고 나는 당신이 정말 존재한다고 확신한다. 어떤 관점에서 보면 '전 세계'가 하나의 집단적인 환각이라 할지라도 문제가 되지 않을 수 있다. 왜냐하면 말하고 듣는 프로그램적 과정이 우리가 평소 생각하는 바와는 다를지라도 내가 당신에게 무엇을 이야기할 때 결국 당신은 정말로 나의 말을 듣고 있다고 할 수 있기 때문이다.[16]

이 예를 통해 다음과 같은 질문을 던져 보자.

"정말 우리가 기계 속에 들어 있는 두뇌라고 한다면 그와 같은 사실, 즉 우리가 기계 속의 두뇌라는 사실을 우리가 말하거나 생각할 수 있을 것인가?"

우리가 정말로 기계 속에 들어 있는 두뇌에 불과하다는 가정이 물리적 법칙과 위배되지 않고 우리가 경험해 온 모든 것과 전혀 모순이 되지 않더라도, 이 가정은 절대 참이 될 수 없는 가정이다. 왜냐하면 그 가정은 스스로를 논박하는 자기모순적인 가정이기 때문이다. 자기모순적인 가정이란 그것이 참이면서 또한 거짓도 함축하고 있는 가정을 말한다. 그 과학자가 구성한 가상 세계에 있는 사람들은 우리가 생각하는 방식대로 생각하고, 우리가 사용하는 어떤 말이라도 발언할 수 있다. 그러나 적어도 현실의 우리는 지시할 수 있는 것들을 가상의 그들은 지시할 수 없는 것들이 있다.

어떤 것이 있냐고? 퍼트남이 하는 말을 따라 예를 들어 나무를 가정해 보자. 우리는 '나무'라는 단어가 실재의 나무를 지시할 수 있을 때 말이 되고 의미가 된다는 것을 알고 있다. 그렇다면 기계 속의 두뇌가 가진 생각과 실제 세계의 인간이 가진 생각 간에 질적인 유사성이 있다고 해서 양자가 동일한 지시 기능을 가지고 있다고는 말할 수 있을까?

그럴 수 없다. 왜냐하면 기계 속의 두뇌의 경우 내적으로도 외적으로도 나무를 표상하지 않는 감각 자료에 언어가 결부되도록 프로그

---

16) 힐러리 퍼트남(김효명 역), 《이성 진리 역사》, 민음사, 1987, pp.16-18

램 되어 있다면 외적인 어떤 것을 지시하거나 표상하는 언어 체계가 두뇌에 형성되는 것이 가능하지 않기 때문이다. 따라서 기계 속의 두뇌가 외적 사물을 지시한다고 간주할 수 있는 어떠한 근거도 있을 수 없다. 특히 그들은 그들이 기계 속의 두뇌라는 사실을 생각할 수도 말할 수도 없다.

결론적으로 이것은 문제의 가상세계가 정말로 현실세계가 되어 우리가 혹은 내가 실제로 기계 속의 두뇌라고 한다면, '우리는 혹은 나는 기계 속의 두뇌다'라는 말이 의미하는 것은 우리가 혹은 내가 기계 속에 들어 있는 두뇌 또는 그러한 종류의 어떤 것임을 의미한다는 말이다. 그러나 우리가 혹은 내가 기계 속에 든 두뇌가 아니라는 점도 우리가 혹은 내가 기계 속의 두뇌라는 가정의 일부를 차지한다. 즉 우리가 혹은 내가 지금 '환각을 일으키고 있는 것'이 우리가 혹은 내가 기계 속의 두뇌라는 사실은 아니다. 따라서 우리가 혹은 내가 기계 속의 두뇌라면, '우리는 혹은 내가 기계 속의 두뇌다'라는 문장은 거짓이 된다.[17]

드디어 풀었다. 너무 기뻤다. 나는 이 내용을 적어 삼촌의 이메일로 보냈다.

삼촌의 평가가 궁금하다. 스마트폰을 가질 수 있다니, 이 또한 기쁘지 아니한가.

뫼비우스와의 대화 덕분에 퍼즐을 해결할 수 있었음은 분명한 사실이다. 내 머릿속에 얽혀 있던 생각들이 질서를 잡기 시작했다. 삼촌에게 메일을 보내고 난 후 나는 계속 뫼비우스와의 대화에 열중했다.

17) 힐러리 퍼트남(김효명 역), 《이성 진리 역사》, 민음사, 1987, pp. 26-27

사실 20세기 초 수학의 위기는 집합론의 발전과 더불어 시작되었다. 데카르트가 점을 수들의 좌표로 정의했던 그 순간부터 기하학에서의 점과 선분은 수학의 문제가 되었다. 아무리 짧아도 선분은 연속적이기 때문에 그 선분엔 무한한 수의 무한히 작은 점들이 존재해야 한다. 이 점에 대응하는 수들은 비록 본질적으로는 가상의 것이지만 이름은 실수라고 불린다. 칸토르의 집합론은 이러한 종류의 무한을 다루기 위해 형식화되었다. 이때 칸토르는 무한을 한계 없음으로서가 아니라 하나의 수로 보았다.

실수는 자연수에 의해 기술된다. 예를 들어 하나의 실수 0.249123103이 자연수 0, 2, 4, 9 ……로 기술된다. 이것은 자연수가 근본적이라는 것을 입증한다. 그러나 칸토르 이후 집합론은 집합 개념을 이용해서 자연수를 형식화하고자 했다. 가령 0을 하나의 공집합이라고 가정하자. 그러면 다음이 성립한다.

0 = ∅
1 = { ∅ }
2 = { ∅, { ∅ }}
3 = { ∅, { ∅ }, { ∅, { ∅ }}}
……

이것은 1이 그 공집합을 원소로 하는 집합일 때 2는 그 공집합과 1을 원소로 하는 집합이 된다는 것을 보여 준다. 괴델 증명은 그러한 절차에 의해서 자연수에 토대를 주려는 것이 불가능함을 보여 주었다.

그가 말했다.

> 제논님, 직관주의자들은 실수와 같이 정체를 알 수 없는 실재를 사용한 결과 역설이 일어난다는 것에 주목하면서 수학을 논리학의 하위 분야로 간주했던 러셀과 논리주의자들을 비판했습니다. 그래서 직관주의자들은 수학에 제약을 가해 직관에 의해서 움직여지고 작동될 수 있는 방식들에만 초점을 맞추기로 결정했죠.

> 뫼비우스님, 그 부분에 대해서는 저도 알고 있습니다. 그러나 힐버트는 형식주의라는 완전히 다른 방식으로 수학을 직관과 독립적인 것으로 만들고자 했죠. 그 결과 공리에서 모든 직관적인 의미를 비워 버림으로써 힐버트는 수학을 기호들이나 식들 그리고 추론을 위한 그것들의 변형 규칙들로 이루어진 하나의 무의미한 집합으로 형식화했습니다. 따라서 힐버트는 공리의 의미를 묻지 않았죠. 그에게 직관적인 자명함은 더 이상 필요하지 않았기 때문입니다. 오히려 문제가 되는 것은 하나의 공리를 형성하는 문장들의 자격 조건과 그런 문장을 받아들일 때 어떤 유형의 공리 체계가 구성되는가 하는 점이었습니다. 순수하게 논리적인 개념들에 기반을 둔 무모순적인 수학 체계를 설립하기 위해서 논리주의자들은 반드시 논리적이지 않은 무한 공리를 하나의 전제로 받아들여야 했습니다. 그러나 힐버트의 형식주의 체계는 공리 체계가 무모순하다면 무한 공리까지 포함하는 어떤 체계도 하나의 전제로 받아들일 수 있었죠.

> 그렇습니다, 제논님. 이런 방식으로 힐버트는 수학의 견고한 토대를 그 형식 체계의 무모순성 속에서 찾아냈습니다. 그에게서 수학은 '무모순적'이기만 하면 되지 참일 필요까지는 없었죠. 그

리고 무모순적인 한에서 더 이상의 어떤 토대도 필요하지 않았습니다. 따라서 형식화된 공리 체계에서는 무모순성에 관한 증명이 무엇보다도 결정적인 것이 됩니다. 무모순성을 보장하는 한 가지 방법은 리만 기하학의 경우에서처럼 어떤 직관적 모형에 호소하는 것입니다. 예를 들어 만약 유클리드 기하학에서의 평면을 구로 간주한다면 유클리드 기하학의 그 구는 원초적 모형이 됩니다. 그렇게 함으로써만 리만 기하학의 모든 공리들은 유클리드 기하학의 한 정리로 번역될 수 있습니다. 이것은 유클리드 기하학이 무모순하다면 비유클리드 기하학도 또한 무모순하다는 것을 의미합니다.

> 그러나 뫼비우스님, 유클리드 기하학은 직관에 의존하기 때문에 유클리드 기하학의 무모순성은 내적으로는 증명될 수 없죠. 따라서 힐버트의 형식주의적 접근이 갖는 난점은 그와 같은 방법을 한꺼번에 포기해야 한다는 데 있었습니다. 그래서 그는 공리 체계를 그것의 무모순성을 증명하는 논리와 구별하고 뒤의 것을 메타수학이라고 불렀죠. 수학적 모순을 피하기 위해서 그리고 심지어는 직관주의자들도 만족시키기 위해서 힐버트는 유한하면서도 구성적인 것으로서 자신의 접근법을 고안해 낸 것이죠.

> 제논님의 정확한 설명에 동의합니다. 그러나 그렇게 힐버트의 방법이 성공적인 사례로 부상하는 듯이 보였지만 괴델의 불완정성 정리가 나타나 그것에 치명타를 가했죠.

> 빠른 진도네요. 오늘은.

> 그런가요? 그럼 내친김에 더 가 보죠.

> 그럴까요?

> 제논님, 위에서 우리는 문장 G를 참이라고 가정해도 거짓이라고 가정해도 모두 모순이 발생함을 보았습니다. 이 불완전성 정리는 분명히 자연수 이론을 형식화함으로써 얻어진 형식 체계가 무모순적인 한 그 무모순성은 그 체계와 관련해서 증명이 가능한 것으로도 증명이 불가능한 것으로도 이해될 수 있습니다. 이 것은 결정 불가능한 식이 항상 존재한다는 것을 의미합니다. 게다가 그 정리는 자연수 이론을 포함하는 어떤 형식 체계가 비록 무모순적이라고 할지라도 그것에 대한 증명이 그 형식 체계 안에서 이루어질 수 없다는 것을 함축합니다. 이것은 무엇을 의미할까요?

> 마무리하시죠, 뫼비우스님.

> 괴델의 불완정성 정리는 논리의 지배적 권위도 논리의 무능력도 함축하지 않습니다. 괴델의 증명은 논리를 바탕으로 단일한 형태로 세계를 체계화하려는 시도가 사실은 불가능함을 보여 주는 것이죠. 이것은 논리의 엄격함의 극단에는 논리로 보여 줄 수 없는 또 다른 세계의 가능성을 함축한다고 할 수 있습니다. 따라서 이렇게 논리적 토대의 불완전함에 대한 괴델 증명은 논리를 제한하기보다 오히려 해방시킨다고 할 수 있죠. 괴델은 우리에게 해방감을 느끼도록 제안하는 것입니다.

그는 또 떠났다.

진한 아쉬움 속에 나만 남았다. 온전히 그의 말이 나의 생각인 양 내 속에서 어울렸다.

그렇다. 우리는 일부러 우리 자신을 '안'에 묶어 두려고 했다. 이 과정에서 우리는 스스로 엄격하게 둘 가운데 어느 한 태도를 취하지 않도록 금지했다. 그러나 우리는 저 밖에 실체적으로 존재하는 어떤 것은 아닌가? 이 안은 저 밖의 부분일 뿐 아닌가? 그렇게 파악되고 나면 이 안은 없어지고 저 밖만 남게 된다. 이제 어떻게 해야 할까?

뫼비우스라면?

그는 이렇게 말했을 듯싶다.

> "먼저 안과 밖의 구분이 전혀 없는 상호 교차 공간을 상정하는 것입니다. 그 다음에 구별이 불가능한 그 공간 여기저기에 각각의 공동체들이 자신을 안쪽으로 접은 것처럼 해서 자신들의 안을 만들어 내는 것입니다. 제 아이디이자 대화명인 뫼비우스의 띠처럼 말이죠. 우리는 이 구별 불가능한 공간 속에서 살고 있는지도 모릅니다."

논리는 하나의 통일된 기초로 단일화할 수 없는 다양한 것들이 가지각색으로 뒤엉켜 있는 하나의 묶음이다. 그리고 논리는 역사적 행위의 산물이다. 이 말이 은유적인 표현으로 들리겠지만 논리가 지니는 두드러지게 구성적인 경향을 고려한다면 이것은 매우 중요한 의미를 지닌다. 그래서 괴델의 접근과는 다른 관점을 제안하는 것이다. 예를 들면 괴델은 논리를 밖에서가 아니라 안으로부터 공격하려고 했다. 그럼에도 불구하고 논리적 틀 '안'에 머무르는 것을 선택했다. 우리가 생각해 볼 하나의 대안은 논리를 안에서가 아니라 밖으로부터 공격하는 것이다. 그리고 논리적 틀을 허무는 것이다. 안과 밖의 구별을 무화시키면서. 이런 점에서 괴델 불완전성 정리는 헤매지 않고 미로를 찾아 나갈 수 있게 했던 아리아드네의 실처럼 뫼비우스의 띠와 같이 얽혀 있는 우리의 논리적 구조를 벗어날 수 있게 해 주는 실마리라고 할 수 있다.

아, 내 머리 위로 오랜만에 푸른 하늘이 펼쳐졌다.

차가운 바람이 나를 하늘로 두둥실 띄웠다.

PART 10
뫼비우스의 띠

어느 날 머털네 암자에 스승의 친구가 찾아왔다. 머털이 스승의 책에 발을 올려놓고 놀고 있는 것을 보고 스승의 친구가 분개하며 물었다.

"네 스승은 어디에 계시느냐?"

머털은 관심 없다며 대답했다.

"몰라. 어디에 있겠지."

그러자 스승의 친구가 호된 꾸지람을 내리며 말했다.

"예의범절이라는 것이 있거늘. 네가 짐승과 다를 바가 무엇인고."

호된 꾸지람에 머털이가 멍하니 바라보자 스승의 친구는 안 되겠다 싶어 암자에 머물면서 인간의 법도라는 것을 머털에게 모두 가르쳤다. 머털은 스승의 친구에게 고마움을 전하고 스승의 친구는 길을 떠났다. 곧 스승이 돌아오고 머털은 공손하게 절하며 예를 갖추었다. 그러자 스승이 한숨을 쉬며 말한다.

"어떤 놈이 와서 내 제자를 망쳐 놨구나."

겨울이 깊어 갔다.

새해가 시작되고, 논술시험으로 대학입시의 마지막 일정을 다 끝냈다. 과거의 내 모습으로 미루어 보자면 믿을 수 없을 정도로 긍정적이고 적극적으로 변한 나다.

흰 눈꽃으로 채색된 거리, 낭만적 분위기로 가득 찬 거리. 모든 것이 달라 보였다.

그리고 분명 나도 달라졌다. 입시의 부담에서도 벗어났고, 텍스트의 굴레에서 벗어났고, 나만의 세계가 펼쳐지기 시작했다.

삼촌에게 이메일을 보내고 난 후 삼촌으로부터 전화가 왔다. 축하한다는 전화다. 축하 선물이 곧 도착할 거라는 말씀과 조만간 한국에 올 것이라는 말씀을 남기시며 전화를 끊었다.

퍼즐을 풀게 된 것도 기분 좋은 일이고, 축하 선물도 기분 좋은 일이고, 삼촌이 오신다는 것도 기분 좋은 일이지만 무엇보다도 기분 좋은 일은 내가 우뚝 선 거인이 되어 있었다는 사실이다.

그러나 슬펐다. 무엇 때문일까?

뫼비우스를 만나 볼 수 없을지도 모른다는 불안감이 엄습했다.

그를 볼 수 없다? 정말 그렇게 된다면?

깊어 가는 가을 따라 나는 이별을 준비해야 할지도 모른다.

오랜만에 그를 만났다.

활기찬 어투다. 그러나 배어 나오는 이 슬픔은.

> 제논님, 슈뢰딩거 기억나시죠?

> 그럼요, 뫼비우스님.

> 한 번 더 슈뢰딩거의 고양이 상자로 돌아가 볼까요?[18] 제논님이 상자 뚜껑을 열기 전에는 두 가지 상태의 고양이, 즉 죽은 고양이와 산 고양이가 공존하고 있었습니다. 그러나 제논님이 상자 뚜껑을 여는 순간에 둘 가운데 한 고양이는 실제 고양이가 되고, 나머지 고양이는 사라져 버립니다.

> 네, 기억납니다.

> 자, 이번에는 색다른 가정을 해 보죠. 하트왕은 실험을 하고 있었습니다. 그는 상자 안에 입자 하나를 넣고 상자 뚜껑을 닫았습니다. 상자 속의 입자는 정확한 위치에 있는 것이 아니라 발견될 확률로 존재하고 있습니다. 입자의 운동량 역시 정확하게 정의되지 않습니다. 입자는 상자 속에서 오른쪽으로 움직일 수도 있으며 왼쪽으로 움직일 수도 있습니다.

> 뫼비우스님, 머릿속이 복잡해지네요.

---

18) 프레드 A. 울프(박병철, 공국진 역), 《과학은 지금 물질에서 마음으로 가고 있다》, 고려원미디어, 1995, pp. 260-261

> 제논님은 그걸 즐기시지 않나요?

> 제가요? 그런가?

> 여하튼 상자 속의 상황을 알아보기 위해 하트왕은 상자의 양쪽 옆면에 달린 뚜껑을 동시에 열어 보았습니다. 상자의 양 옆면이 열리면 정지해 있던 확률은 두 개의 움직이는 확률로 나뉘면서 각각 양쪽 끝을 향해 진행해 나갑니다. 이 두 개의 가능성은 잠시 후 상자 밖으로 빠져나가게 될 것입니다. 그리고 하트왕은 상자의 왼쪽으로 빠져나온 입자를 발견하고 이것을 그의 실험 일지에 기록합니다.

> 하트왕이 바쁘군요.

> 바로 이때 앨리스가 나타납니다. 앨리스는 자신이 하트왕의 실험을 관찰하고 있었음을 하트왕에게 설명해 줍니다. 앨리스는 매우 커다란 또 하나의 상자를 설치해 두었으며, 그 큰 상자 안에서 하트왕은 작은 상자를 가지고 실험을 했던 것입니다. 그리고 앨리스는 큰 상자의 뚜껑을 열어 하트왕이 관찰하는 것을 보았습니다. 하트왕의 관찰조차도 두 가지의 가능성을 가지고 큰 상자 속에 공존하고 있습니다. 하나의 가능성이란 하트왕이 상자의 오른쪽에서 입자를 발견하는 것이고, 다른 하나는 상자의 왼쪽에서 입자를 발견하는 것입니다. 앨리스는 자신이 큰 상자 뚜껑을 열고 그 안에 있는 하트왕과 입자를 들여다보았기 때문에 하트왕이 상자의 왼쪽 또는 오른쪽에서 입자를 발견하는 사건이 창조되었다고 주장합니다. 즉 앨리스가 직접 큰 상자를 열어본 덕택에 하트왕과 입자가 존재하게 되었다는 것이죠.

> 오호.

> 그러나 하트왕의 마음은 이미 입자의 위치를 창조해 냈습니다. 따라서 앨리스가 큰 상자를 열었을 때 그 안에서 본 상황은 이

미 그렇게 결정된 상황이었습니다. 이것이 문제의 진정한 해답일까요? 앨리스는 이것이 유일한 답이라고 느꼈겠죠?

> 그렇겠죠. 그러나 뫼비우스님, 앨리스가 하트왕과 입자를 창조해 냈음을 주장한다고 해도 하트왕은 별로 고마워하지 않을 것 같네요. 오히려 하트왕은 제3의 관찰자인 캐롤이 더욱더 큰 상자 속에 앨리스와 하트왕 그리고 입자를 모두 담아 놓고 그것을 관찰하고 있을 수도 있다고 주장할 수도 있잖아요. 그렇다면 캐롤이 거대한 상자를 열어 보기 전에는 그 안에는 아무것도 객관적으로도 독립적으로도 존재할 수 없게 되죠.[19]

> 바로 그겁니다, 제논님. 우리는 상자 속의 상자 속의 상자 속의 상자 …… 속의 상자 속에서 살고 있는 것은 아닐까요? 그렇다면 상자 뚜껑을 여는 것은 누구인가요? 이 상자들의 개수는 유한한가요? 제일 바깥쪽의 상자는 정말 있나요? 아니면 무한히 계속되는 상자들 속에서 모든 존재들이 꿈을 꾸며 전능한 신의 손길을 기다리고 있는 것인가요? 만일 꿈을 꾸는 자가 한 명뿐이고 그게 바로 나라면 나만이 유일한 존재가 됩니다. [20]

> 마치 베르나르 베르베르의 ≪신≫이라는 소설을 보는 것 같군요.

> 아하, 그럴 수도 있겠네요.

> 그래서 무엇을 말씀하시고자 하는 건지?

> 울프도 언급하고 있지만, 이 점에서 호르헤 루이스 보르헤스의 ≪끝없이 두 갈래로 갈라지는 길들이 있는 정원≫의 묘사는 시

---

19) 프레드 A. 울프(박병철, 공국진 역), ≪과학은 지금 물질에서 마음으로 가고 있다≫, 고려원미디어, 1995, p. 263

20) 프레드 A. 울프(박병철, 공국진 역), ≪과학은 지금 물질에서 마음으로 가고 있다≫, 고려원미디어, 1995, p. 263

사하는 바가 큽니다.

그는 보르헤스의 글을 인용했다.

"나는 미로들의 미로, 과거와 미래를 포함하고 어떤 방식으로 천체들까지 끌어들이는 그런 점점 늘어나는 꾸불꾸불한 미로에 대해 생각했다. 이 환상적인 생각에 몰입되어 나는 누군가에게 쫓기고 있는 나의 운명에 대해서조차 망각해 버렸다. 나는 얼마만큼 흘렀는지 알 수 없는 시간 속에서 마치 내 자신이 우주에 대한 추상적인 인식자가 된 것 같은 느낌을 받았다. …… '나의 눈은 당연히 한 문장에 가 멈출 수밖에 없었지요. <나는 다양한 미래들에게 (모든 미래들이 아닌) 끝없이 두 갈래로 갈라지는 길들이 있는 정원을 남긴다.> 나는 즉시 깨달았지요. …… 이렇게 해서 그는 다양한 미래들, 다양한 시간들을 선택하게 되고, 그것들은 무한히 두 갈래로 갈라지면서 증식하게 됩니다.' …… '그는 시간의 무한한 연속들, 눈이 핑핑 돌 정도로 어지럽게 증식되는, 분산되고 수렴되고 평형을 이루는 시간들의 그물을 믿으셨던 거지요. 서로 접근하기도 하고, 서로 갈라지기도 하고, 서로 단절되기도 하고 또는 수백 년 동안 서로에 대해 알지 못하기도 하는 시간의 구조는 모든 가능성을 포괄하게 되지요. 우리는 이 시간의 일부분 속에서만 존재합니다. 어떤 시간 속에서 당신은 존재하지만 나는 존재하지 않습니다. 다른 어떤 시간 속에서 나는 존재하지만 당신은 그렇지 않습니다. 또 다른 시간의 경우 우리 두 사람이 함께 존재합니다. 호의적인 우연이 내게 부여한 현재의 시간 속에서 당신은 나의 집에 당도했습니다. 그러나 다른 시간, 그러니까 정원을 가로지르던 당신은 죽어 있는 나를 발견하게 될 겁니다. 또 다른 시간에 나는 지금과 똑같은 말을 하지만, 나는 하나의 실수이고, 유령일 겁니다.'"[21]

깊어 가는 계절, 깊어 가는 이야기.

나는 지금 수확을 하고 있다. 가을걷이처럼. 그는 내게 수확의 기

---

21) 호르헤 루이스 보르헤스, 1999, ≪보르헤스 전집 2: 픽션들≫(황병하 역), 민음사, p.160, pp.164 – 165.

뽐을 주고 있는 것이다.

> 제논님, 우리가 만들어 내지 않는 한 이 세계는 마음속에 존재하지 않습니다. 마음속에 존재하지 않기 때문에 실재하지 않습니다. 이 세계는 아무것도 아니면서, 동시에 전부 다입니다. 그래서 모든 가능한 세계가 동시에 공존합니다. 아니, 사실은 아무것도 없습니다. 그리고 모두 다 있습니다.

그런가?
아무것도 없다. 아무것도 아니다. 그래서 모두 다 있고, 하나다.
그가 덧붙인다.

> 이번에는 문제를 좀 더 기이하게 만들어 보죠. 우선 입자는 하트왕의 관찰에 의해 결정되고 하트왕의 관찰은 앨리스에 의해 결정되는데 앨리스의 관찰이 사실은 하트왕의 관찰에 의해 결정된 입자의 모습이었다고 가정해 보죠.

나는 머리에 그림을 그렸다.

> 다음으로 입자는 하트왕의 관찰에 의해 결정되고 하트왕의 관찰은 앨리스의 관찰에 의해 결정되고 앨리스의 관찰은 캐롤의 관찰에 의해 결정되고 캐롤의 관찰은 사실 하트왕이 관찰하던 입자의 모습이라고 가정해 보죠.

그림이 다시 복잡해졌다.

> 연쇄적 인과의 끝에서 우리는 무엇이라고 대답해야 할까요? 무
한한 자기 지시적 상황이 빚어내는 역설. 우리가 살고 있는 세
계가 이렇지는 않을까요?

아, 아름다운 이야기다. 너무도 아름다운 이야기다.
그러나 그는 갔다.
아름다운 이야기 뒤에 남는 슬픔, 그 슬픔 뒤에 남는 아쉬움, 그 아
쉬움 뒤에 남는?
오래전에 삼촌과 한의사인 또 다른 친척이 나누던 이야기가 생각
났다. 둘은 동갑이다.
한의사인 친척이 신용카드를 무심히 바라보고 있었다.

> 왜? 새로 발급받은 거야? 그걸로 술 사게?
> 교수라는 사람이 이래서야 민족의 미래가 어디 바로 설 수 있겠나?
> 민족의 미래까지 걱정하다니, 놀랍군. 근데 왜 그렇게 멍하니 카
드를 바라보고 있는 거야?
> 참, 재미있는 일이야.
> 난데없이, 뭐가?
> 네가 더 잘 알겠지만, 근대적 사고방식의 주요 특징은 환원주의
라고 할 수 있지. 환원주의에 따르면 부분들은 다른 부분들과 유
기적 관계를 맺지 못하고 있으며 기계의 부속품같이 독립된 실
체로 볼 수 있잖아.

> 그렇지. 근데 그게 왜?

> 이러한 환원주의는 고질적인 병폐를 야기하지. 특히 의학의 예를 들면 말이야.

> 어떤?

> 예를 들어 서양 의학은 철저하게 환원주의적 사고를 바탕으로 했어. 인간의 각 장기들을 독립된 실체로 관찰하며, 각 장기들은 기계의 톱니바퀴같이 관계될 뿐 아무런 유기체적 관계를 맺고 있지 않았지. 그런데 유기체적 관계 속에서는 각 장기가 상호 영향을 주고받으며, 그 중요성의 강도가 균등하기 때문에 부분과 전체를 나누는 것이 무의미해.

사실 한동안 환원주의가 가장 합리적이요 과학적이라는 것이 일반적인 통념이었던 시절이 있었다. 한의사인 친척은 그것의 문제를 지적하고 있는 것이다.

한의사인 친척이 말한다.

> 그러나 현대 과학은 환원주의를 극복할 수 있는 중요한 개념을 제공하고 있어. 바로 홀로그램의 발견이지. 나는 그것을 일명 홀론(holon) 혁명이라고 부르지.

홀론 혁명이라? 홀론 개념의 발견은 근대적 이성 주심의 사고를 대체하는 새 틀의 전환을 가능하게 했다. 홀론이란 말은 그리스어의 '홀로스(holos)'란 말과 '온(on)'이란 말이 결합된 합성어다. 이때 '홀로스'는 전체를, '온'은 부분을 의미한다. 그래서 홀론은 '부분과 전체'

란 의미를 지니고 있다. 부분이 곧 전체고 전체가 곧 부분이란 뜻이 홀론이란 말속에 포함되어 있다. 부분을 전체에서 나누고, 부분을 전체에 귀속시키는 환원주의 입장에서 보면 홀론은 매우 새로운 개념이다.

한의사인 친척이 다시 말했다.

> 홀로그래피 알지? 요즘 의학에서도 많은 연구를 하고 있는데.
> 의학에서? 왜?
> 단순하게는 진단을 위해서지, 뭐.
> 오, 그래?
> 여하튼 홀로그래피는 홀론을 영상에 응용한 것이고, 홀로그램은 정보에 응용한 것이잖아.
> 그렇지.
> 그 홀로그램이 일상에서 쉽게 발견되는데…… 대표적인 예가 바로 이 신용카드잖아…….
> 아하, 그렇군.
> 신용 카드 오른쪽에 있는 이 은색 혹은 금색의 실(seal) 말이야. 보는 각도에 따라서 다양한 모습을 나타내잖아. 이 금색 실 혹은 은색 실 속에 홀로그램을 이용해 개인의 정보를 모두 담아 놓았잖아. 게다가 예술 분야에서는 또 얼마나 활발하게 이용하고 있냐?
> 그러게. 카드 한 장을 보며 그런 생각을 하다니…… 놀랍다……. 그 식견에 경이를 표하며 오늘은 내가 한턱내마.

홀로그래피가 발견된 것은 1948년 런던 대학의 데니스 게이버에 의해서다. 게이버는 파장 이론을 물체에 적용시켜 물체의 영상을 파장의 간섭 현상으로 환원시키고 이것을 다시 영상으로 바꾸는 방법으로 홀로그래피를 제작하는 데 성공한다. 이 성공은 1969년 레이저 광의 등장과 더불어 급진전을 보게 된다. 왜냐하면 레이저 광은 멀리까지 같은 종류의 파장을 보낼 수 있기 때문에 가지런한 간섭 현상을 만들 수 있기 때문이다. 그 결과 레이저 광의 간섭 현상은 물체의 영상을 받아 사진 건판에 모든 정보를 담고, 담긴 정보는 다시 영상으로 재현된다.

홀로그래피. 참 재미있는 발명이다. 이 홀로그래피는 일반 사진과 달리 건판에 잡힌 각 부분은 어느 부분에도 전체 영상을 모두 가지고 있다. 보통 사진은 이등분하면 머리와 몸이 둘로 나뉠 것이다. 그러나 홀로그래피의 경우는 건판의 어느 부분을 잘라 비추어도 전체 영상이 다 나타난다. 일반 사진은 환원적이기 때문에 각 부분이 모여야 전체 영상을 만들지만 홀로그래피의 경우는 그 어느 부분도 전체 자체이다. 여기서는 같은 존재가 이 방 저 방에도 동시에 존재한다. 비시간적이고 비공간적이다.

한의사인 친척이 말했다.

그의 말을 들으면서 자꾸 뫼비우스의 말이 생각나는 것은 왜일까?

> 근데 더 재미있는 것은 서양적 사고방식에서는 홀로그래피의 등장이 충격이었겠지만 동양적 사고방식에서 홀로그래피의 등장은 별로 새로울 것이 없는 생각이었어.

> 왜?

> 왜긴. 예를 들어 동양의 한의학은 그 발상부터가 환원주의를 거부했어. 한의학적 진단법에 '바라본다(望)'는 것이 있는데, 이것

은 환자의 얼굴색 하나로 그 사람의 건강 상태를 모두 알아내는 방법이지. 손목의 맥을 짚어 보고 병의 상태를 아는 것도 마찬가지야. 한의학에서는 간, 심, 비, 폐, 신 등을 모두 유기적으로 파악함으로써 각 부분을 통해 전체를 알지. 수지침도 손에 인체의 전부가 다 포함되어 있다는 홀로그램적 원리를 응용하고 있잖아……, 아니 그 반대인가? 여하튼…….

삼촌과 한의사인 친척의 이야기를 생각하면 할수록 계속 뫼비우스 생각이 났다.

실제로 뫼비우스를 만날 수만 있다면, 그래서 이렇게 모여서 함께 이야기를 나눌 수 있다면 얼마나 좋을까.

그날 이후 나는 그를 만나지 못했다.

혹시나 하는 마음에 그의 아이디로 파악된 이메일 계정에 메일을 남겨 보았지만 아무런 회신도 없었다.

웹 관련 전문가의 도움으로 그를 추적했지만 그를 찾을 수가 없었다.

그가 누구인지도 모르고, 그를 만나지도 못하고, 그렇게 허망하게 그와 연락이 끊겨야 하는 것인가?

근 1년이라는 시간을 더듬으며 그에 관한 정보들을 모아 보려 애썼지만 나는 그에 대해 아는 게 별로 없다. 다만 그와 나누었던 그리고 나를 깨우쳤던 숱한 이야기들만 무성했다.

어느덧 거리에 쌓여 있던 눈도 다 녹고, 겨울 속에서 봄기운이 조금씩 머리를 내밀었다.

삼촌 연구실에서 곧 돌아오실 삼촌을 위해 분주히 연구실 정리를 한다. 한참을 정리하고 난 후, 노트북을 열고 뫼비우스와의 지난 시간을 돌이켜 보며 파일 속에 생각들을 정리하고 있었다.

나는 '생각들'이라는 파일에 글자들을 찍었다.

"안과 밖의 문제를 해결하기 위해 우리가 '밖'이라고 정의했던 것
을 생각해 보자."

노트북 화면 위에서 커서가 자기 존재를 드러내고 있었다. 완전한
이진법적 표현으로.

한참을 바라보다 다시 글자를 찍는다. 그러고는 다시 지운다. 그러
기를 수차례, 나는 뫼비우스와 대화를 나누듯 적어 나가다 또 지운다.
또 그러기를 수차례.

예전 방식대로 그냥 적는다.

"먼저 '밖'은 우리가 말하던 실제의 세계다. 그곳에서는 모든 사건
들이 한데 어우러져 있으며, 우리는 그것들이 외부에서 일어난 일
임을 확신하고 있다. 그리고 우리는 어떤 하나의 사건 또는 일련의
사건들이 밖에서 일어났음을 인정하고 있다."

무슨 사건 일지 같다.

"다음으로 '안'은 우리 마음의 세계다. 이 세계에서 일어나는 모든
일들은 밖에서 얻은 일상적인 경험과 좀처럼 맞아 떨어지지 않는
다. 이 세계에는 바깥의 영상들을 닮은 것들이나 바깥의 영상들을
상징하는 것들, 즉 사고, 꿈, 추상 등이 자리하고 있다."

뫼비우스와 이야기하듯 나는 어느새 나와 내 속에 있는 또 다른 나
와 대화를 한다.

나> 문자와 숫자는 바깥을 상징하고 있지만 그것은 안으로부터 생겨났다. 안의 세계에서는 마술 같은 일이 일어나고 있지만 우리는 그것을 대수롭지 않게 여긴다. 그리고 안에서 일어나는 사건과 바깥에서 일어나는 사건들 사이에 직접적인 연계가 있는 경우도 흔히 있다.

또 다른 나> 이제 또 다른 가능한 세계를 말할 때다. 그 세계는 안과 밖의 속성을 모두 가지고 있다. 이 또 다른 세계는 물질세계와 정신세계가 구분 없이 존재하는 세계다. 그래서 그 세계는 양쪽의 속성을 모두 가지기 때문에 다분히 역설적인 세계로 보이기도 한다.

나> 우리는 매일 아침, 잠에서 깨어나면서 예상하는 그대로의 세계를 살고 있으며, 우리의 삶 속에 들어 있는 의미를 찾아내 그것을 이해할 수 있다. 그러나 이런 일이 어떻게 가능한 것인가? 당신과 나의 견해가 어떻게 일치할 수 있으며 세계의 함축된 의미를 어떻게 찾아낼 수 있다는 말인가?

내 속의 나는 누구인가? 나와 내 속에 있는 또 다른 나. 누가 진짜 나인가?

나> 계속해서 다가오는 미래는 마치 과거와 밀접한 관련이 있는 것처럼 보인다. 우리 자신들도 과거에 이미 결정된 요인에 의해 좌우되고 있는 듯이 보인다. 아무래도 우리는 누군가의 조종을 받고 있는 꼭두각시 인형인 것 같다. 도대체 왜 그런 것일까?

또 다른 나> 우리 의식이 우리 자신을 변화시킴으로써 그 결과로 세계가 변한다고 했다. 우리는 의식의 지배하에서 우리의 미래를 평가하고 있다. 우리의 의식은 우리 자신의 가능성을 변화시킨다. 우리의 가능성 속에는 모든 가능한 미래가 다 들어 있으므로 이들 가운데 하나를 선택하여 현실이 되도록 만드는 것은 우리의 자유의지라고 할 수 있다. 이러한 과정은 우리가 무엇인가와 상호 작용을 하여 어떤 느낌을 받음으로써 진행되고 있다.

갑자기 '유아론'이라는 말이 생각났다. 뫼비우스가 좋아했던 표현이던 유아론.

나> 유아론적 세계는 '나는 생각한다. 그러므로 나는 존재한다'는 데카르트의 표현과 흡사한 주장을 한다. 그러나 성격은 판이하게 다르다. 그들은 '나는 유일한 실재다. 바깥의 모든 만물(실재)은 내 마음속에 있다'라고 말한다.

또 다른 나> 전체적 마음은, 즉 하나 된 마음은 수많은 원자적 마음으로 이루어져 있으면서 동시에 개개의 원자적 마음 자체이기도 하다. 이 하나 된 마음과 우리 몸속의 다른 의식들 사이에는 뚜렷한 경계선이 없다. 이것이 바로 하나 된 마음이 누리는 독특한 자유다. 마음은 공간 속의 특정한 위치에 묶여 있지 않으므로 이러한 자유를 누릴 수 있다. 상호 관계가 형성된 두 개의 육면체를 두 명의 관측자가 관찰하던 경우와 같이 마음은 작용한다. 개개의 마음은 자신이 어떤 모양의 육면체를 인식하게 될지 전혀 모르고 있지만 결국 두 마음은 같은 모양의 육면체를 머릿속에 떠올린다. 마치 그들이 하나 된 마음을 이루고 있는 것처럼 두 마음의 선택은 정확하게 일치하는 것이다.

다시 한참 동안 상념 속에 잠겨 있었다.

메신저에 눈이 갔다. 혹시나 하는 마음에. 그러나 그는 들어오지 않았다. 이렇게 끝인가? 정말?

의자에 깊숙이 파묻힌 채 빙그르 의자를 돌려 아파트 창밖으로 멀리 하늘을 본다.

하늘 속 흘러가는 구름들, 그 속에서 뫼비우스가 나를 부르는 듯한 모습이 보인다.

눈을 감는다.

꿈에서라도 볼 수 있다면 좋으련만.

원하면 일이 이루어진다고 했던가?

그때 정말 그가 왔다.

> 제논님, 안녕하세요?

> 어, 뫼비우스님. 왜 이제야 오신 거예요?

> 제논님, 제가 그렇게 보고 싶었나요?

> 그럼요. 뫼비우스님. 도대체 어떻게 된 일이에요?

> 그럴 일이 좀 있었어요.

> 그럴 일이라뇨?

> 글쎄요. 말하긴 곤란하고.

> 전 다시는 뫼비우스님을 못 보나 해서 얼마나 아쉬웠는데요.

> 제논님, 제가 다시 들어온 건 제논님의 마지막 이야기를 듣고 싶어서랍니다. 그게 너무 궁금했어요.

> 마지막 이야기라뇨?

> 저와 오랜 시간 이야기를 나누었잖아요, 제논님. 저는 제논님과

이야기를 나누면서 무척 행복했답니다. 많이 배울 수 있어서 좋았고, 제논님이 제 이야기를 들어 줘서 고마웠어요. 가만히 지난 일들을 정리하다 보니 한 가지가 빠졌더군요.

> 그게 뭔데요?

> 바로 제논님의 이야기를 말하는 겁니다. 등대 빛을 따라 항구에 정박한 제논님이 들려줄 바로 그 이야기 말이에요. 그게 너무 궁금했어요.

정말 끝나는 것인가 보다. 떠나보낼 때는 떠나보내야 하겠지만 사람의 욕심이 어디 그런가. 왜 그런지 눈물이 날 것 같았다.

> 제논님, 일반적으로 한 개인이 상호 작용을 통해 갖게 되는 느낌은 이후에 갖게 될 여러 느낌들의 확률 분포를 변화시키는 것 같아요. 관측의 결과라고도 할 수 있는 이 느낌이 우리가 속해 있는 세계의 가능성을 바꾸어 놓는 것이죠. 이렇게 수정된 느낌을 갖기 전에는 아무것도 예견될 수 없는 것 같아요. 그것은 우리의 의식 속으로 살며시 들어와 자리를 잡습니다. 이로 인하여 우리가 미래에 겪게 될 여러 가지 다양한 느낌들에 대한 평가가 달라지곤 하죠.

그는 내게 화두를 던졌다.

> 제논님, 때로 우리 눈에는 이 세계가 마치 과거에 의해 조종되거나 혹은 전지전능한 존재의 손에 의해 조종되고 있는 것처럼 보

입니다. 왜냐하면 우리는 우리 자신의 선택을 완전하게 제어할
수 없기 때문입니다. 그러나 그 선택의 결과로 생기는 기쁨과 슬
픔, 풍부함과 빈곤함, 그 밖의 모든 경험들의 근본적인 원인은
궁극적으로 볼 때 우리 자신 속에 있는 것 같아요.

내가 풀 차례다.

> 뫼비우스님, 이제 고정된 정형화된 틀 속에서 뛰쳐나와 미래의
지붕으로 올라가야 할 때가 된 것 같아요. 지붕에 올라가서 우
리에게 펼쳐지는 세계를 보아야겠죠. 우리의 느낌은 아직 결정
되지 않은데다가 우리는 능력을 갖고 있기 때문에 우리는 충분
한 가능성을 지니고 있습니다. 거기에 감추어진 메시지라는 것
은 없습니다. 만일 우리가 아주 잠시만이라도 이 사실을 느낀다
면, 지금 이 순간부터 우리의 미래는 달라질 것입니다. 우리는
자신의 능력을 분명히 느끼게 될 것입니다. 아무도 우리의 그러
한 면을 알지 못한다면, 우리는 어느 것에 대해서도 알 수 없습
니다. 적어도 제 생각엔 말이죠.
> 좋은 화답이네요. 제논님.

이제 정말 그와 마무리할 때가 되었다. 그가 원하는 것 그리고 그
에게 내가 해 주어야 할 것을 마무리해야 할 때가 된 것이다.

> 제논님, 전에 제가 말씀드렸죠? '코기토 인터룹투스'라는 말. 기
억나시나요?

> 그럼요, 뫼비우스님.

> 제가 하고 싶은 말은 서로 논리적 연관이 없어 보이는 것들이라고 해서 무시하거나 배제하지는 말자는 것입니다. 다른 시선으로 보면 우리가 갖고 있던 고정된 정형화된 틀 너머에 있는 또 다른 세계를 볼 수 있다는 것이죠.

> 이제는 이해합니다, 제논님. 그 세계에서 안과 밖의 구별은 아무 의미가 없죠. 지금까지 뫼비우스님이 그래 왔듯이 그리고 제가 그러려고 하듯이 논리적 연관이 없어 보이는 것들을 잘 들여다보면 모든 것이 서로 연관되어 있다는 것을 알게 되었습니다. 그리고 모든 것이 사실 아무런 연관성을 갖지 않는다는 것을 알게 되었습니다. 결론은 아무것도 없다는 것이죠. 다만 있는 것처럼 보일 뿐. 모든 것은 다 가상입니다.

> 정말 훌륭하십니다, 제논님. 멋진 마무리예요. 결말이 항상 궁금했는데, 이제야 궁금증을 푸네요.

> 뫼비우스님, 모두 님 덕분입니다. 그런데…….

> 말씀하세요, 제논님.

> 이제 제가 궁금한 게 있어요.

> 무엇이죠?

> 뫼비우스님은 저에 대해서 많이 알고 있는 것 같은데, 저는 뫼비우스님에 대해 아무것도 아는 게 없어요. 근 1년이라는 시간이 지났는데도 말이죠.

> 그런 걸 안다는 게 중요한가요? 그리고 설사 안다고 달라질 것이 있나요?

> 사실 제가 퍼즐을 풀 수 있는 실마리를 못 찾고 헤맬 때, 우연히

뫼비우스님을 만났고, 엄밀히 말하면 뫼비우스님이 저를 찾아온 것이지만, 맞죠?

> 표현 방식의 차이겠죠.

> 여하튼 뫼비우스님과 이런저런 이야기를 나누면서 저는 실마리도 찾고, 퍼즐도 풀 수 있게 되었어요. 게다가 새로운 세계를 볼 수 있는 눈을 갖게 되었죠. 너무 고맙기도 하고. 뫼비우스님, 만나 뵐 수 없을까요?

> 만난다고 달라질 것이 있나요. 저도 그간 제논님과 이야기할 수 있어서 좋았어요. 좀 전에도 말씀드렸지만요. 사실, 제논님의 결말을 듣고 싶은 까닭도 있었지만, 마지막 인사를 하려고 다시 들어온 거예요. 이제 제가 떠날 때가 된 거 같아요. 그간 제가 준비한 일이 있어서 이제 제논님을 못 볼 거 같네요.

> 떠나다니요, 뫼비우스님. 어디 가시나요? 무슨 일을 준비하셨기에. 영영 이 세상을 떠나는 사람처럼.

> 그럴 일이 있어요.

> 그래도 예전처럼 이렇게 만날 수 있잖아요. 그리고 꼭 사례를 하고 싶어요. 아님 선물이라도. 뫼비우스님에 대한 궁금증을 풀고 싶은 강한 욕구도 있고요.

> 선물은요, 무슨. 또 사례는 가당치도 않습니다. 여하튼 죄송해요. 말씀드릴 만한 일은 아니고요. 늘 건승하세요.

> 저만의 생각일지 모르겠지만, 마치 저를 깨우치게 하려고 오신 분 같아요, 뫼비우스님은. 바람처럼 왔다가 바람처럼 가 버리는. 우연인가요?

> 우연이 또 다른 우연과 만날 때 우연은 필연이 된다고 합니다.

그렇게 우연한 인연일 수도, 그래서 필연일 수도 있는 것이겠죠.
그럼 이만. 다시 한 번, 늘 건승하세요.

그는 그렇게 사라졌다.
영원이 아니길 바라지만, 다시 만날 인연이길 바라지만 그는 갔다.
그리고 시간은 흐름이라는 도도한 강물로 예의 나를 일상 속으로
몰아갔다. 취한 듯 홀린 듯 멍한 나를 보듬고 말이다.

나는 다시 일상으로 돌아왔지만 아주 다른 사람이 되어 있었다.

그렇게 시간이 흐르고, 나는 내가 만났던 뫼비우스에 관한 이야기를 사람들에게 해 줘야겠다고 생각했다. 나만이 알고 있기에는 너무나 기이한 이야기인데다가 그와 나누었던 그 많은 이야기들이 그냥 묻혀서는 안 된다고 판단했기 때문이다. 그래서 나는 삼촌에게 이 이야기를 했고, 삼촌은 그 이야기를 책으로 낼 것을 내게 권했다. 그렇게 내가 쓴 책이 출판되고, 출판된 내 책이 상당한 호응을 얻고 있는 지금, 내 책의 상당 부분이 그와의 대화 속에서 얻은 혹은 깨달은 것들이기 때문에 그에 대해 밝히는 것이 솔직한 일이라는 윤리 의식도 한몫을 했다.

모두 그의 덕이다. 적어도 그는 내게는 혜능의 스승인 홍인대사와 같은 존재였다. 그는 그렇게 바람처럼 나타나서 머물다 바람처럼 사라졌다. 그러나 그의 생각과 숨결은 내 속에서 나와 함께할 것이다. 그 이후에는 또 다른 인연을 통해서 말이다. 영원히.

과연 지금 그는 어디 있을까? 그는 존재하기는 하였던 것일까? 미몽 속에서 빛을 본 듯하다. 설마 그를 만나고 나서 진행된 모든 것들이 꿈은 아니겠지.

이 현 ———————————

사람들은 말한다. 그가 세상을 바라보는 방식이 독특하다고. 그는 말한다. 그가 세상을 바라보는 방식이 독특한 것이 아니라 사람들이 엉뚱한 방식으로 세상을 보고 있다고. 독특하든 독특하지 않든 그는 오랜 시간 철학이라는 학문을 통해 세상과 대화하며 다투기도 하고, 화해하기도 했다. 그렇게 세상과 만나고 소통했다. 지금은 세상 속에서 무리 없이 살아가고 있다.

그는 서울대학교 대학원 철학과 박사과정을 수료하고, 서울대학교, 서강대학교, 덕성여자대학교 등에서 강의를 했다. 학교를 떠나 직장생활을 하면서 순천향대학교 경영학과 겸임교수도 지냈다. 사업기획, 전략기획으로 잔뼈가 굵은 그는 뜻한 바가 있어 그동안의 경험을 바탕으로 교육과 관련된 일을 진행하고 있다.

그는 현재 프로솔라 창의상상공간 대표로, 『이코노믹 리뷰』에 「책 읽어주는 남자」, 「하이! 퍼즐」 등을 연재했고, 『과학소년』에 「술술 풀리는 수학」을 연재하고 있다. 창의력 계발, 문제해결능력 계발과 관련하여 기업체 특강도 하고 있으며, 그가 개발한 교육 콘텐츠 중 일부는 「퍼즐을 활용한 문제해결능력 키우기」라는 제목으로 초·중등교사 직무연수 프로그램으로 서비스되고 있다. 그의 최근 저서인 『가슴 뛰는 한 줄』은 많은 이들의 호평과 사랑을 받고 있다. 그와 소통하고 싶은 사람은 rheeyhyun@gmail.com으로 연락주길 바란다.

초판인쇄 | 2010년 10월 30일
초판발행 | 2010년 10월 30일

지 은 이 | 이 현
펴 낸 이 | 채종준
펴 낸 곳 | 한국학술정보㈜
주   소 | 경기도 파주시 교하읍 문발리 파주출판문화정보산업단지 513-5
전   화 | 031) 908-3181(대표)
팩   스 | 031) 908-3189
홈페이지 | http://ebook.kstudy.com
E-mail | 출판사업부 publish@kstudy.com
등   록 | 제일산-115호(2000. 6. 19)

ISBN   978-89-268-1602-8 13130 (Paper Book)
         978-89-268-1603-5 18130 (e-Book)

이담 Books 는 한국학술정보(주)의 지식실용서 브랜드입니다.